**guérir parfois
soulager souvent
réconforter toujours**

Devise du docteur Joseph Ayoub

JOSEPH AYOUB

guérir parfois
soulager souvent
réconforter toujours

ANNE SIGIER

1073, boul. René-Lévesque Ouest • Québec Canada • G1S 4R5 • (418) 687-6086

Dépôt légal : Bibliothèques nationales du Québec et du Canada
4ᵉ trimestre 2004

ISBN 2-89129-462-9

Imprimé au Canada

Tous droits réservés © Éditions Anne Sigier, 2004

Distribution
Canada : Messageries ADP — France : AVM
Belgique : Alliance Services — Suisse : Albert le Grand

www. annesigier.qc.ca

• Nous reconnaissons l'aide financière du gouvernement du Canada
par l'entremise du Programme d'aide au développement de l'industrie de l'édition (Padié)
pour nos activités d'édition consacrées à la publication
des ouvrages reconnus admissibles par le ministère du Patrimoine canadien.

• Nous remercions le gouvernement du Québec (SODEC) de son appui financier.

• En raison de leur spécialisation et de leurs politiques éditoriales,
les Éditions Anne Sigier ne reçoivent aucune aide financière
du Conseil des arts du Canada.

À Jocelyne,
histoire d'un amour

Patricia Ayoub, fille de Joseph Ayoub et auteure des poèmes de ce livre, est diplômée de l'École d'ergothérapie de la faculté de médecine de l'Université de Montréal depuis 1993. Elle travaille auprès des personnes handicapées, et particulièrement auprès des aînés dans le cadre de programmes de prévention et d'éducation. Mère de trois enfants, ses temps libres sont depuis toujours consacrés à l'écriture.

Avant-propos

De septembre 1992 à février 1998, j'ai collaboré au journal *La Presse* en rédigeant une chronique hebdomadaire intitulée « Dialogue ». Mon but était de sensibiliser les lecteurs à propos des événements médicaux de l'heure, tant sur le plan de la santé physique que sur celui de l'humanisme ou de la santé spirituelle.

Ce livre présente une sélection des articles parmi les plus appréciés des lecteurs et regroupés sous les thèmes suivants : l'enfance – les jeunes – la santé mentale – les aînés – l'humanisme – la souffrance, les soins palliatifs et l'euthanasie. D'autres articles variés sont rassemblés sous le thème Santé physique et spirituelle.

Mes patients m'ont beaucoup appris. Ils m'ont révélé que la foi et la science sont intimement liées. Puissiez-vous, à travers cette lecture, réaliser que rien n'est plus beau qu'aimer !

Joseph Ayoub
Montréal, 10 août 2004

I

L'enfance

6 septembre 1992

Les yeux de l'espoir

RÉCEMMENT, PAR UN BEL APRÈS-MIDI, JE DÉCIDAI DE ME RENDRE À LA CLINIQUE EXTERNE DE DYSTROPHIE MUSCULAIRE DE L'HÔPITAL MARIE-ENFANT POUR CONSTATER SUR PLACE LES PROGRÈS RÉALISÉS DANS LES SERVICES OFFERTS À NOS ENFANTS ATTEINTS DE CE HANDICAP.

Deux membres de l'équipe de soins m'attendaient : le docteur Michel Vanas, neurologue, et Suzanne Plante, infirmière-coordonnatrice.

Mon collègue m'expliqua le fonctionnement de la clinique et l'effort constant déployé par une équipe multidisciplinaire constituée d'une vingtaine de professionnels de la santé qui ont acquis la compétence et l'expertise nécessaires pour assurer à nos enfants atteints de dystrophie musculaire une plus grande autonomie et une qualité de vie à la hauteur de leurs espoirs.

Tour à tour, je fis la connaissance de Nathalie, Stéphane, Nancy, Jonathan et Claude, chacun atteint d'une forme différente de faiblesse musculaire. Certaines formes sont légères et demandent principalement un programme adapté de positionnement. Par contre, d'autres sont évolutives. Celles-ci nécessitent toute l'ingéniosité, la compétence et le dévouement de l'équipe multidisciplinaire pour minimiser l'impact de la dystrophie musculaire chez un jeune tel que Claude.

Assis dans son fauteuil roulant manuel, Claude, âgé de 13 ans, a retenu mon attention. Il fréquente une école d'apprentissage spécialisée : L'Oiseau bleu de Saint-Lin. Son jeu favori est le Nintendo et il est fier de me faire savoir qu'il gagne presque toujours. C'est avec sa petite sœur Annie qu'il se sent le plus à l'aise. Il aime ses taquineries et ne s'en offusque pas. C'est plutôt nous, les grands, avec nos questions et notre regard inquisiteur qui le gênons.

Lors de ma conversation à bâtons rompus avec Claude, ses yeux se sont souvent détournés pour rejoindre l'horizon. Il est peiné de ce qui lui arrive et ne veut pas facilement m'ouvrir son cœur blessé. Il préfère être silencieux et attendre... Son père et sa mère sont là avec nous, tout éplorés face au silence de leur enfant. Ils savent qu'il n'y a pas de traitement pour arrêter la progression de la faiblesse musculaire.

Mais tout récemment, l'espoir a surgi de la recherche en biologie moléculaire. En effet, certains essais cliniques utilisant la transplantation des myoblastes sont prometteurs. Oui, les yeux des parents de Claude sont remplis de cette espérance. Je me rappelle alors des paroles merveilleuses de l'abbé Pierre : « L'espérance... parfois... comme une unique étoile, luit un instant dans la plus obscurcie des nuits, clarté minuscule à peine entrevue, suffisante pour que soit détruite toute la tumultueuse tromperie des nuées qui voudraient faire croire que la nuit n'a plus d'étoiles, que la nuit ne sera plus jamais vaincue par le matin. »

Peu après, je quittai Claude et ses parents pour aller rejoindre Solange Guérin, infirmière-psychologue. Elle me renseigna sur tous les services de soutien offerts à ces jeunes handicapés. « Mais, que peut-on ajouter à nos interventions actuelles pour apporter un peu plus de joie à ces enfants et à leurs parents ? » lui demandai-je. Sa réponse fut sans équivoque : « Nous ne donnons pas assez de soutien familial. » Des parents, tels que ceux de Claude, ont besoin d'un répit. Il faut les aider à refaire le plein en hébergeant, par exemple, pour un temps limité, leurs enfants dans une communauté où ils seront bien accueillis par une équipe aimante et compétente. Je pense à l'esprit et la thérapie des communautés de l'Arche créées par Jean Vanier. Oui, nous avons encore du pain sur la planche...

Au moment où je quitte l'hôpital Marie-Enfant, une reproduction du dessin de la petite Véronique, six ans, m'arrête et m'interpelle. Il s'intitule *Quand je serai grande... Je pourrai.* Mots pleins d'espoir que Véronique nous lance. Elle a confiance en la compétence, la ténacité et le dévouement de l'équipe qui la soigne. Avons-nous le droit de la décevoir ainsi que tous ces enfants qui nous regardent avec les yeux remplis d'espoir ?

Pour sauver l'enfance

CHAQUE ANNÉE DURANT LA PÉRIODE DE NOËL, L'UNICEF PUBLIE SON RAPPORT SUR «LA SITUATION DES ENFANTS DANS LE MONDE».

Cette année, le rapport relève les progrès accomplis dans le domaine de la vaccination dans le tiers-monde, diminuant notamment les épidémies de rougeole et de poliomyélite. La lutte contre les maladies diarrhéiques a, elle aussi, donné d'excellents résultats.

D'autre part, l'Unicef dresse trois terribles constats. Premièrement, plus d'un milliard d'êtres humains, soit un cinquième de l'humanité, vivent dans la pauvreté absolue. Près de 30 millions de jeunes sont identifiés comme étant «des enfants de la rue». Deuxièmement, plus de trois millions de jeunes enfants continuent de succomber annuellement à des infections respiratoires aiguës banales, que des antibiotiques de faible coût permettraient de traiter efficacement. C'est là la première cause de mortalité infantile dans le monde. Et finalement, environ 190 millions d'enfants dans le monde sont victimes de malnutrition chronique, ce qui les rend vulnérables à toutes les maladies infectieuses et parasitaires.

Dans ses conclusions, l'ONU déplore le manque d'engagement politique : malgré l'urgence de ces plaies, les remèdes ne sont pas jugés prioritaires parce qu'ils touchent les populations les plus pauvres et les plus dépourvues d'influence politique[1]. À ce sujet, l'abbé Pierre n'hésite pas à dire en parlant aux nantis: «Vous devez par votre manière de vivre et par vos attitudes inculquer à vos enfants cette conviction que les privilèges dont ils vont hériter font d'eux des voleurs s'ils ne se préparent pas à répondre durant toute leur vie à la dette que ces privilèges leur constituent par des services réels qu'ils rendront à la multitude de leurs frères plus malheureux.»

Chez nous, qui sommes placés en tête des Nations unies pour notre qualité de vie, la souffrance des enfants est principalement à un autre niveau: pour l'année 1990, les données des centres de services sociaux au Québec révèlent que près de 10 000 enfants ont été pris en charge par les directeurs de la protection de la jeunesse pour négligence, dont 1270 pour agressions physiques et 1550 pour agressions sexuelles. Une fille sur 4 et un garçon sur 10 sont victimes d'agressions sexuelles. Et le suicide reste la principale cause de décès chez nos ados. C'est pour cela que le gouvernement du Québec, dans sa politique de la santé et du bien-être[2], a pour premier objectif de diminuer les cas d'agressions sexuel, de violence et de négligence à l'endroit des enfants, et d'atténuer les conséquences de ces problèmes.

Mais quelle est la cause de tant de négligence et d'abandon? L'éclatement de la famille ou sa désorganisation est certainement un facteur prépondérant. Happés par le vertige de notre quotidien moderne, nous «délaissons» nos enfants. Selon le docteur Louise Charbonneau, de la clinique jeunesse du CLSC Centre-ville, «il y a une détérioration du tissu social. Nous avons oublié la notion de sacrifice.

---

1. Rapport de l'Unicef 1993. «Enfants dans le monde». *La Croix – L'Événement,* 22 décembre 1993.
2. Gouvernement du Québec – MSSS. *La politique de la santé et du bien-être.* Québec, 1992.

Nous avons oublié que mettre un enfant au monde, c'est en être responsable pour au moins 20 ans. On peut certainement dire qu'un décrochage parental s'est fait[3].»

Quant à Claire Lamarche, et son franc-parler, elle est outrée de voir que nous demandons à nos petits de 8 à 10 ans d'être des grands : «On demande à nos enfants de décider de leur vie et de nous laisser vivre la nôtre. On leur demande de plonger dans le monde des adultes alors qu'ils nagent encore en pleine insouciance, alors qu'ils apprennent à devenir eux-mêmes, à l'âge où on devrait les laisser naviguer encore un peu dans le délicieux flou de l'enfance[4].»

Et nous les laissons aussi infiniment seuls... Claire Lamarche demanda à un petit gars : «Tu n'as pas peur, des fois, d'être tout seul à la maison?» Il lui répondit innocemment : «Quand j'ai peur, je monte le son de la télé...»

Quelles sont donc les solutions en cette année 1994 proclamée Année internationale de la famille par les Nations unies?

Elles sont multiples et sont ouvertes à la générosité de notre cœur. Il y a, par exemple, le père Emmett Johns – «Pops», comme l'appellent les enfants de la rue – qui ouvre sa roulotte mobile chaque soir à l'angle d'Atwater et de Sainte-Catherine aux jeunes dans la rue qui ont faim et soif. Ils prennent un jus, un chocolat chaud ou un hot-dog. Comme l'a mentionné Anne Richer lors de sa rencontre avec ce saint moderne[5], ses gestes trahissent ceci quand il sert à manger aux jeunes : «Je t'aime même si je n'ap-

---

3. Poissant, D. et Fortin, B. «Les parents décrocheurs». *L'Actualité,* 1ᵉʳ avril 1993.

4. Lamarche, C. «On les prend pour des grands, ces petits». *Le Lundi,* 13 novembre 1993.

5. Richer, A. «Anne Richer rencontre Pops». *La Presse,* 10 mai 1993.

prouve pas ce que tu fais. Je t'aime parce que tu es toi, peu importe ce que tu fais. Je m'inquiète, mais je t'aime quand même.»

«Pops» a mis sur pied le programme *Le Bon Dieu dans la rue* pour donner aux enfants sans abri et malmenés de Montréal un peu de répit. Présentement, il est en train de leur bâtir une maison pour les aider à sortir de la rue pour de bon. C'est ça un des exemples de générosité de cœur…

Contre l'exclusion

IL Y A TROIS SEMAINES, NATHALIE PETROWSKI NOUS SENSIBILI-
SAIT À L'EXCLUSION D'UNE ENFANT DE DEUX ANS, JESSICA DOS
SANTOS, DE LA GARDERIE DES PETITS LUTINS, À CÔTE SAINT-PAUL,
EN RAISON DE SA SÉROPOSITIVITÉ[1].

Jessica a contracté le virus à sa naissance par sa mère qui
est séropositive. Étant donné que la petite recevait un sirop
d'AZT (Zidovudine) toutes les six heures, sa mère a dû
avouer à la directrice de la garderie, par l'entremise de la
travailleuse sociale de l'hôpital Sainte-Justine, que Jessica
était soignée pour une infection asymptomatique à VIH
(virus de l'immunodéficience humaine). À la suite de l'ex-
pulsion de l'enfant de la garderie et de la parution de son
histoire dans les journaux et à la télé, ce fut la panique : des
parents ont retiré leurs enfants de la garderie, et plusieurs
membres du personnel ont peur d'avoir été contaminés.
Deux consultations effectuées auprès des parents ont
révélé que la grande majorité (36/42) retireraient immédiatement leur enfant si la garderie n'excluait pas les enfants
atteints du VIH.

Face à ce sentiment d'affolement, j'ai demandé au docteur
François Coutlée, microbiologiste à l'hôpital Notre-Dame et
expert dans la recherche sur le sida, de m'expliquer les
modes de transmission de ce virus et s'il y a une justifica-
tion rationnelle de toute cette peur.

---

1. Petrowski, N. «Petite séropositive cherche garderie». *La Presse*,
   9 février 1994.

Le VIH se transmet principalement de quatre façons : la transmission sexuelle ; la transmission sanguine par transfusion, bris cutanés ou lors de l'échange de matériel d'injection chez les consommateurs de drogues par injection ; la transmission de la mère à l'enfant à la naissance et la transmission par dons d'organes. Seul donc un contact sanguin direct entre deux enfants qui se blessent accidentellement dans une garderie pourrait permettre la transmission du virus.

Selon le docteur Coutlée, si des mesures appropriées d'hygiène sont appliquées, la transmission du sida en garderie est fort improbable. Récemment, cependant, un groupe de chercheurs américains a documenté, en utilisant les techniques modernes de la biologie moléculaire, la transmission du VIH d'un enfant séropositif à un autre, soulevant la nécessité, d'une part, d'éduquer les responsables et, d'autre part, d'appliquer des mesures optimales de prévention[2].

Dans ce contexte, les recommandations suivantes ont été émises par la Direction de la santé publique de la Régie régionale de la santé et des services sociaux de Montréal-Centre : il n'est pas indiqué d'exclure l'inscription d'un enfant en service de garde pour la seule raison d'une infection à VIH. Les enfants infectés, connus ou non, ont les mêmes droits que tous nos enfants de bénéficier, sans discrimination, des services offerts par notre société...

Risque pour l'enfant vivant avec le VIH

Il revient au médecin traitant de l'enfant, avec les parents, de décider de la possibilité pour l'enfant de fréquenter un service de garde et des risques pour sa santé.

---

2. Fitzgibbon, J., *et al.* «Transmission from one child to another of HIV ». *N. Engl. J. Med.,* 329 : 1835-1841, 1993.

Risque pour les autres enfants

Par la suite, le médecin traitant, avec les parents de l'enfant et les autorités de la santé publique, doit juger de la présence d'un risque pour les autres enfants. Il serait souhaitable que le personnel concerné du service de garde soit informé de la situation, tant pour la protection de l'enfant que pour celle des autres personnes en garderie.

Formation sur les précautions universelles

L'application des mesures d'hygiène de base est un élément crucial dans la prévention de la transmission du VIH en milieu de garde, puisqu'il réduit le risque déjà très faible de transmission de ce virus. Des programmes de formation pour le personnel des garderies doivent être implantés pour l'ensemble des garderies du Québec[3].

Ayant pris connaissance de cette information qui a circulé à travers plusieurs médias, Nadine et Patricia, deux jeunes mères, m'ont affirmé que, maintenant qu'elles sont au courant, elles n'ont pas d'objection à ce que leur enfant fréquente une garderie où il y aurait un enfant séropositif, pourvu que le personnel de la garderie soit responsable.

Cet événement souligne la frilosité de notre société et notre réflexe à exclure ce qui nous dérange et à nous replier sur nous-mêmes pour nous protéger. N'est-il pas plutôt de notre devoir de refuser toute exclusion et de vivre la solidarité au quotidien dans notre nation ?

---

3. Direction de la santé publique. *La transmission du VIH dans le contexte d'un service de garde à l'enfance.* Régie régionale SSS de Montréal-Centre, février 1994.

10 juillet 1994

Vos enfants ne sont pas vos enfants...

JAMAIS L'ENFANCE MALTRAITÉE N'AURA ÉTÉ AUTANT À L'ORDRE DU JOUR. POURTANT, LA CONVENTION RELATIVE AUX DROITS DE L'ENFANT, ADOPTÉE EN 1989 PAR L'ONU, AVAIT MIS HORS LA LOI TOUT MAUVAIS TRAITEMENT À L'ENDROIT DES ENFANTS, TEL QUE TRAVAIL FORCÉ, PROSTITUTION, ABANDON ET VIOLENCE.

Dans *L'avenir n'est à personne*, Julien Green nous dit à ce propos : «Des figures d'enfants plein les fenêtres des wagons qui les amènent hors de la guerre. L'image est de plus en plus fréquente. Notre fin de siècle aura vu le martyre de l'enfance. Il le paiera cher et même très cher. On regarde un enfant, n'importe lequel, et il sourit parce qu'il est l'amour. On pardonnera tout à qui insulte le Christ, a dit Jésus, mais à qui insulte l'amour, il ne sera jamais pardonné[1].»

Comme je l'ai mentionné dans mon texte «Pour sauver l'enfance», le sombre tableau des enfants dans le monde diffère selon le site géographique. Dans les pays du tiers-monde, des milliers d'enfants succombent à la malnutrition chronique ou aux infections intestinales et respiratoires mal traitées, faute d'antibiotiques à faible coût. Par contre, dans les pays industrialisés, la souffrance des enfants est

---

1. Green, J. *L'avenir n'est à personne*. Fayard, Paris, 1993.

principalement reliée à la violence et aux agressions sexuelles [2].

Interviewé par Anne Richer, le pédiatre Jean-François Chicoine, attaché à l'hôpital Sainte-Justine, est assez découragé devant « les enfants qui n'ont pas de place au Québec. Qui sont pris comme une maladie. La pauvreté, son odeur mêlée de sueurs, de saleté, de cigarettes. Chaque nuit qui ramène au moins un enfant agressé sexuellement. Ou un autre qu'on abandonne sur la banquette d'un restaurant, celui qui veut se tuer en se jetant en tricycle contre la porte du garage... »

D'autre part, selon le docteur Chicoine, nos enfants en général ont une grave maladie : « Ils fonctionnent trop bien. Ils ont trop le mode d'emploi pour tout. Si j'avais une maladie à nommer chez les enfants, ce qui leur manque le plus et peut les rendre malades, c'est la manière dont on gère leur imaginaire [3]. » L'ancien juge de la Cour du Bien-Être social, Marcel Trahan, abonde dans le même sens et va plus loin : « On donne tout aux enfants, on fait tout à leur place. Ils n'ont plus le désir de s'organiser ni de faire un effort. Un enfant qui a sept ans aujourd'hui doit vivre comme un enfant de sept ans. On les fait vivre et vieillir trop vite. Il faudrait aussi retrouver des valeurs éternelles, et l'une d'entre elles m'apparaît fondamentale : l'exemple [4]. »

Or, dans notre société moderne, souvent l'enfant, au lieu d'être choyé, aimé et éduqué, est plutôt « instrumentalisé ». Ainsi, les parents se servent parfois de leur enfant comme d'un instrument de compétition interposé. Les parents

---

2. *Cf.* « Pour sauver l'enfance », p. 16.

3. Richer, A. « Anne Richer rencontre Jean-François Chicoine ». *La Presse*, 14 février 1994.

4. Richer, A. « La personnalité de la semaine : Marcel Trahan ». *La Presse*, 30 mai 1993.

d'un enfant génial, tel que le petit Jordy, âgé de 6 ans et dont la chanson *Dur, dur d'être un bébé* s'est vendue à 2,4 millions d'exemplaires, deviennent, par transfert, des parents géniaux. Son père est fier d'affirmer : « La chance de Jordy, c'est d'avoir des parents qui l'ont écouté et qui lui ont tendu ce qu'il réclamait[5]. » Il oublie cependant qu'il y a peu de place dans la vie de son petit pour le jeu et l'enfance... L'an passé, Jordy la star a passé plus de six mois en tournée et sur les plateaux de la télévision mondiale. Il n'a pu s'empêcher l'autre soir sur TF1, pendant que le public l'applaudissait, de se tourner vers sa mère et de lui demander d'un air suppliant : « Maman, à quelle heure on arrête ? »...

Cet asservissement de l'imaginaire est particulièrement évident dans l'omniprésence des jeux vidéo, tels que le Nintendo, dans l'univers des enfants. Selon le docteur Daniel Berkowicz, psychiatre-psychanalyste : « Ça ne laisse plus grand-chose de libre dans la communication... Le champ de conscience est envahi. C'est un monde de satisfaction facile, de fuite de la réalité... Plus encore que la solitude, ces jeux vidéo accompagnent une époque sans idéologie, où la situation sociale est difficile. Ça ne renforce pas la créativité ; adultes et enfants se sentent insidieusement pris au piège. Ces jeux, comme le *zapping*, sont des signes d'accablement[6]. » N'est-ce donc pas sur les plans humains et sociaux, plutôt que sur le plan scientifique, que se trouve la solution aux problèmes de l'enfance ?

Il est bon de se rappeler à ce sujet ces pensées du poète Khalil Gibran :

5. Lanez, É. « À quoi servent les enfants ? » *Le Point,* 25 juin 1994, p. 82-89.

6. Jurgensen, G. « Jeux vidéo. Les parents ont leur mot à dire ». *La Croix – L'Événement,* 23 décembre 1993.

Vos enfants ne sont pas vos enfants.
Ils sont les fils et les filles de l'appel de la Vie à
elle-même.
Ils viennent à travers vous mais non de vous.
Vous pouvez leur donner votre amour, mais non
point vos pensées,
car ils ont leurs propres pensées.

Vous êtes les arcs par qui vos enfants, comme des
flèches vivantes, sont projetés.

L'Archer voit le but sur le chemin de l'infini, et il
vous tend de Sa puissance pour que Ses flèches
puissent voler vite et loin.

Que votre tension, par la main de l'Archer, soit
pour la joie.

Car de même qu'il aime la flèche qui vole, il aime
l'arc qui est stable [7].

---

7. Gibran, K. *Le prophète.* Casterman, Belgique, 1956, p. 19.

Pour combler le souhait de l'enfant de Noël

LA PAUVRETÉ AU QUÉBEC NE RECULE PAS ; ELLE S'INCRUSTE
MÊME, PARMI LES JEUNES, LES FEMMES ET LES FAMILLES MONO-
PARENTALES NOTAMMENT.

Les statistiques sont claires et nous frappent au visage. Au
Canada, le tiers des familles pauvres vit au Québec,
1 229 000 vivent sous le seuil de la pauvreté, et 59 % des
femmes seules sont pauvres. Dans les familles monoparentales, le taux de pauvreté dépasse 80 %.

C'est à Montréal particulièrement que la pauvreté atteint
des proportions alarmantes. En effet, 20 % de la population
totale de la métropole vit de prestations d'aide sociale. Au-
delà de la sécheresse des chiffres, les statistiques de la
Sécurité du revenu mettent en relief la détresse des vies :
près du tiers de la clientèle est constitué de jeunes
ménages. À cause des licenciements, les prestataires sont
de plus en plus scolarisés, 51 % détenant un diplôme
d'études secondaires. Les coupes considérables à l'assurance-chômage ont fait grossir les rangs de 6000 personnes en trois mois, au début de l'année 1995 [1].

Et malgré ce subside de la Sécurité du revenu et
l'ingéniosité des mères pour limiter les dépenses, trop

---

1. Pépin, A. « Un Montréalais sur 5 vit de l'aide sociale ». *La Presse*,
6 décembre 1995.

d'éléments essentiels font défaut: logement, alimentation, santé, éducation, relations familiales ou sociales stables... Selon le docteur Normandin, du Département de santé communautaire du quartier Hochelaga-Maisonneuve, «l'insalubrité des logements y est pour beaucoup dans l'état de santé des enfants. À cause de cela, les maladies respiratoires sont fréquentes et comme l'alimentation fait souvent défaut, les enfants sont malades[2].»

La récente enquête sociale et de santé menée en 1992-1993 par Santé Québec justement confirme la persistance d'écarts importants en matière de santé et de bien-être entre les mieux nantis et les plus démunis: les Québécois ayant un faible niveau d'instruction et de revenu présentent plus de problèmes de santé, de problèmes d'intégration sociale et de décès prématurés que les autres. Afin de mieux percevoir les liens entre le statut socio-économique et la santé, l'enquête a examiné quatre nouvelles mesures économiques, soit la perception de sa situation financière, le patrimoine du ménage (relatif au statut résidentiel et aux revenus de placement), l'exclusion du marché du travail ainsi que la durée de la pauvreté perçue, et les a comparées à deux mesures traditionnelles, le niveau de revenu déclaré et la scolarité relative. «Les résultats obtenus permettent de mieux comprendre les liens entre ces mesures et la santé et de mieux décrire les inégalités en matière de santé au Québec. Ainsi, les résultats montrent qu'à mesure que s'améliore la perception de leur situation financière ou le patrimoine des ménages québécois, la santé physique et psychologique de leurs membres devient également meilleure. De plus, cette amélioration se fait sentir à chaque échelon de ces deux mesures socio-économiques. La relation entre la santé et ces deux indicateurs n'est donc pas

2. Gaudry, T. «La pauvreté chez nous... inacceptable!» *Partageons,* octobre 1995.

attribuable uniquement à une extrême privation au bas de l'échelle sociale[3]. »

Selon les enquêteurs de Santé Québec, des investissements accrus devraient être consacrés à la compréhension de l'influence des déterminants sociaux sur la santé et le bien-être des populations. En effet, tout indique que les principaux gains de santé espérés au Québec, comme dans les pays industrialisés, résulteront d'une meilleure compréhension de cette relation. À ce sujet, l'Institut canadien de recherches avancées mentionne « qu'une compréhension complète de la relation entre la situation sociale, la capacité de faire face aux situations, le stress qui y est relié et la santé nécessitera des recherches au niveau plus général de la population plutôt que de la cause de maladies spécifiques[4] ».

Quant à l'Organisation mondiale de la santé, elle soulignait récemment que « c'est en analysant les raisons de cette vulnérabilité et en élaborant des stratégies pour transformer ces situations que l'on parviendra à éliminer certains des obstacles majeurs au développement social, économique et politique. Les groupes vulnérables constituent eux-mêmes une ressource humaine que la plupart des stratégies de développement économique n'ont fait que marginaliser[5]. »

---

3. Lavallée, C., Bellerose, C., Camirand, J. et Caris, P. *Aspects sociaux reliés à la santé*. Rapport de l'enquête sociale et de santé 1992-1993, gouvernement du Québec, Santé Québec.

4. Institut canadien de recherches avancées. *Les déterminants de la santé*, Publ. n° 5, Toronto, 1991.

5. Organisation mondiale de la santé. *Santé et réformes économiques : la santé, condition du développement économique*, OMS, Suisse, 1991.

Et les compressions?

Alors comment pouvons-nous, malgré la détresse engen-
drée par la pauvreté et ses conséquences, réagir aux cons-
tantes compressions des services sociaux et de santé que
les gouvernements des pays industrialisés sont acculés à
décréter pour réduire leur déficit budgétaire chronique?

Écoutons à ce sujet la réponse de Roger Miller, titulaire de
la chaire Hydro-Québec de l'UQAM: «La dure réalité nous
mène à redécouvrir que la vitalité d'une culture n'est pas
l'ensemble des interventions politiques mais plutôt l'entrepreneurship sous toutes ses formes. En premier lieu,
l'entrepreneurship familial, c'est-à-dire la volonté des
jeunes de fonder des familles et d'élever des enfants. En
second lieu, l'entrepreneurship économique pour créer des
emplois adaptés à la concurrence. Enfin, l'entrepreneurship social pour offrir des services d'éducation, de santé et
de bien-être... Seule la redécouverte des valeurs humaines
et surnaturelles sauvera le Québec, et non les solutions
publiques. En particulier, les jeunes du Québec doivent se
faire à l'idée que seules la foi dans l'avenir et l'audace des
horizons larges correspondent à la vocation qui est la leur:
père, mère, ingénieur, ouvrier, etc.[6].»

Quant à Danielle Éloi et Rebecca Torres, deux adolescentes
de l'école Sainte-Bernadette-Soubirous à Montréal, elles
font dire à leur petite fille sans-abri, la pauvre et orpheline
«Cristal», que le père Noël est prêt à combler de cadeaux,
ceci: «Il n'y a rien qui me ferait plus plaisir que d'avoir un
papa, une maman et une maison[7]...»

Pouvons-nous assurer à chacun de nos enfants la concréti-
sation de ce simple souhait?

---

6. Miller, R. «L'illusion du politique». *L'homme nouveau,* 3 décembre 1995.
7. Éloi, D. et Torres, R. «L'enfant de Noël». *La Presse,* 18 décembre 1995.

7 janvier 1996

La paix pour les enfants de demain

EN CE DÉBUT D'ANNÉE 1996, LES PHARES SONT PROJETÉS SUR LES ENFANTS QUI SOUFFRENT TROP UN PEU PARTOUT DANS NOTRE MONDE [1].

Dans son rapport intitulé *La situation des enfants dans le monde en 1996,* l'Unicef (Fonds des Nations unies pour l'enfance) consacre un chapitre aux enfants victimes des conflits armés des 10 dernières années : 2 millions d'enfants ont été tués ; de 4 à 5 millions sont devenus infirmes ; 12 millions ont perdu leur foyer ; plus d'un million sont devenus orphelins ; et environ 10 millions ont subi des traumatismes psychologiques. De plus, dans ces pays où sévit la guerre, il y a une escalade du phénomène de l'utilisation des enfants-soldats. Bien souvent, ils sont rapidement mutilés, notamment par des mines terrestres. Dans le rapport de l'Unicef, on estime à 110 millions le nombre de mines placées à la surface du sol de 64 pays.

Quelques semaines avant la publication de ce rapport, un reportage de l'émission *Enjeux,* sur les ondes de Radio-Canada, nous apprenait un autre drame : celui de la politique chinoise de l'enfant unique et de la disparition, dans des conditions inhumaines, d'environ 15 millions d'enfants « nés de trop », au cours des 15 dernières années.

---

1. Tougas, C. « Les enfants de l'abandon, de la pauvreté et de la mort ». *La Presse,* 28 décembre 1995.

Dans les pays industrialisés, c'est la pauvreté associée à un manque d'affection, de nourriture et de vie familiale qui frappe l'enfance. Un million d'enfants au Canada vivent sous le seuil de la pauvreté, dont 250 000 au Québec. À ce sujet, les conclusions d'une étude commandée par l'Institut canadien de la santé infantile révèlent que le taux de mortalité infantile est deux fois plus élevé dans les quartiers pauvres. En 1990, 22 000 bébés, trop petits à la naissance, n'ont pas eu la force de lutter contre les maladies parce que l'alimentation des mères avait été insuffisante pendant leur grossesse. Pour les enfants qui ont survécu, l'histoire familiale ne fait que se répéter puisqu'à leur tour, faute d'une nourriture saine et suffisante, ils sont souvent malades[2].

La pauvreté dans des familles éclatées engendre souvent la violence et la négligence à l'endroit des enfants. C'est ainsi que, dans certaines de nos régions telles que la Gaspésie, la négligence constitue près de 40 % des signalements retenus par la Direction de la protection de la jeunesse. Suivent les troubles de comportement, avec 30 %, et les agressions physiques et sexuelles, avec 25 %[3]. Les troubles de comportement les plus graves se traduisent par la consommation abusive de drogues et d'alcool, la prostitution, les tentatives de suicide et les fugues.

Malgré ce tableau sombre de l'enfance malmenée, l'Unicef, qui fête cette année son 50ᵉ anniversaire de fondation, a quand même amélioré, par l'intermédiaire de ses programmes de développement, la vie des enfants du tiers-monde : le taux de mortalité infantile (pour 1000 naissances) a chuté de 138 en 1960 à 67 en 1995. De même, le taux de mortalité des moins de 5 ans a baissé dans le même laps de temps de 216 à 100.

---

2. Gaudry, T. «La pauvreté chez nous... inacceptable !» *Partageons,* octobre 1995.

3. Michaud, H. «Les enfants souffrent». *Le Soleil,* 4 décembre 1995.

Simultanément, le taux des enfants d'un an vaccinés contre la diphtérie, le tétanos, la coqueluche et la poliomyélite a augmenté de 5 à 80 %, et le taux d'inscription à l'école primaire est passé de 48 à 77 %.

L'objectif visé par l'Unicef pour l'an 2000, c'est un « Ordre du jour contre la guerre » en 10 impératifs, pour que cesse le carnage dont les enfants font les frais : prévenir les causes de la violence, assurer la sécurité des femmes et des jeunes filles, adopter un protocole relevant l'âge de la conscription à 18 ans, proscrire les mines terrestres, juger les crimes de guerre, acheminer des médicaments et du ravitaillement aux enfants au travers des lignes ennemies, sanctionner les pays délinquants, organiser des secours d'urgence, reconstruire les communautés par un programme de réadaptation en portant une attention aux dimensions affective et spirituelle des enfants et finalement éduquer pour la paix[4].

Justement, dans son message à l'occasion de la Journée mondiale de la paix, le 1er janvier, Jean-Paul II a lancé un appel aux adultes, responsables de la marche du monde, intitulé *Donnons aux enfants un avenir de paix.* Il pointe combien les enfants sont marqués par la souffrance, alors que leur premier droit devrait être « leur soif légitime d'amour et de paix ». Il dénonce la misère et l'embrigadement des enfants dans toute espèce de trafics les rendant des cibles particulièrement vulnérables à la drogue. Jean-Paul II lance, dans ce sens, un appel à tous les hommes de bonne volonté en faveur de « la Jeunesse du troisième millénaire » qui est en jeu. Il désire voir en eux de véritables « hérauts de la paix » et non « des instruments » pour le profit, sans droits. Bâtir un monde de paix n'appartient-il pas qu'à ceux qui ont « la simplicité d'un cœur d'enfant » ?

---

4. Unicef. « La situation des enfants dans le monde en 1996 ». *La Croix – L'Événement,* 12 décembre 1995.

L'enfance malmenée

DES DIZAINES DE MILLIONS D'ENFANTS DE MOINS DE 15 ANS, À TRAVERS LE MONDE, TRAVAILLENT DÈS LEUR PLUS JEUNE ÂGE.

Le chiffre réel est flou : selon le Bureau international du travail, 80 millions d'enfants de 5 à 15 ans travaillent dans des conditions insalubres et d'exploitation souvent proches de l'esclavage. Par contre, selon l'Unicef (Fonds des Nations unies pour l'enfance), ils seraient 200 millions.

Et pourtant, la Convention relative aux droits de l'enfant, adoptée en 1989 par les États membres de l'ONU, stipule que «les États parties reconnaissent le droit de l'enfant d'être protégé contre l'exploitation économique et de n'être astreint à aucun travail comportant des risques ou suscep-tible de compromettre son éducation ou de nuire à son développement physique, mental, spirituel, moral ou social» (Article 32).

Dans les pays où ils sont exploités, les enfants commencent à travailler pour un salaire ridiculement faible, vers 6 ou 7 ans, de 12 à 16 heures par jour. Ils subissent une pres-sion psychologique et physique importante entraînant des problèmes majeurs de santé, notamment la malnutrition.

Ceux qui tombent malades ou qui se blessent perdent automatiquement leur travail et ne reçoivent aucune aide médicale. Ils sont immédiatement remplacés par d'autres qui ont besoin de travailler pour soulager la misère de leur famille. Et le drame se perpétue...

La situation est particulièrement alarmante en Amérique latine et dans tout le Sud asiatique. Selon l'écrivain argentin Adolfo Perez Esquivel, Prix Nobel de la paix en 1980, « il y a aujourd'hui en Amérique latine 100 millions d'enfants qui vivent, mangent et dorment dans la rue. Ce qui était, il y a dix ans, une caractéristique de Bogotà est devenue une norme latino-américaine. Il y a maintenant des gamines, des *olvidados* partout[1]. » Bien souvent, ce sont les enfants qui forment des associations pour améliorer leur sort. Ils ne veulent pas qu'on leur interdise le travail mais plutôt qu'on leur accorde le droit de travailler dignement... Tel est le témoignage de Vidal, un jeune Péruvien de 15 ans, qui casse de la pierre 8 heures par jour dans l'espoir de sélectionner quelques pépites d'or dont il tire un pourcentage évalué au gré du propriétaire minier. « Il faut que j'aille à la mine pour aider ma famille, et je n'en ai pas honte, au contraire, expose Vidal. Mais je veux que le patron me donne ma ration de lait... Ce qu'il oublie de faire[2] ! »

C'est en Inde et au Pakistan que la tragédie du travail des enfants est des plus bouleversante. On estime que 55 millions d'enfants indiens travaillent à raison de 12 heures par jour et que, de ce nombre, environ 10 millions ont été vendus comme esclaves. À ce sujet, l'an passé un jeune Pakistanais de 12 ans, Igbal Masih, a été abattu d'un coup de fusil. Après avoir travaillé depuis l'âge de 4 ans au service des puissants fabricants de tapis pakistanais, il avait pu arracher ses chaînes de quasi-esclavage à l'âge de 10 ans et était devenu l'emblème de la lutte contre la servitude des enfants. En décembre 1994, Igbal recevait à Boston le prix de la Fondation Reebok de la jeunesse en

1. Backmann, R. « Les enfants esclaves ». *Le Nouvel Observateur,* 25 avril 1991.
2. De Courcy, L. « Les enfants d'abord : ‹ J'ai le droit de travailler dignement... › » *La Croix,* 11 avril 1996.

action pour sa lutte contre l'esclavage des enfants. Ébranlé par cet assassinat, un jeune Torontois de 13 ans, Craig Kielburger, décida de prendre le relais de la cause des enfants maltraités. C'est lui qui rencontra le premier ministre Jean Chrétien lors de sa tournée asiatique à Islamabad, au Pakistan, lui demandant «de ne pas laisser l'argent supplanter la question des droits de la personne» dans les pays où le Canada négocie des contrats commerciaux. Récemment, Craig était à Montréal où il a parlé devant 800 élèves du collège Villa Maria pour les sensibiliser à l'exploitation des enfants du tiers-monde. On le surnomme le petit Mozart de l'aide humanitaire[3]. Son action a décidé le gouvernement du Canada à faire des droits de l'enfance une priorité de sa politique étrangère. Et nous, adultes, sommes-nous prêts, dans un esprit de solidarité vis-à-vis les enfants exploités, à nous départir de notre hédonisme ou de notre indifférence pour sauver l'enfance malmenée?

---

3. Roy, P. «Le petit Mozart de l'aide humanitaire». *La Presse*, 20 mars 1996.

12 janvier 1997

Un vœu pour l'enfance

«LORSQUE J'ÉTAIS PETIT GARÇON, LA LUMIÈRE DE L'ARBRE DE NOËL, LA MUSIQUE DE LA MESSE DE MINUIT, LA DOUCEUR DES SOURIRES FAISAIENT AINSI TOUT LE RAYONNEMENT DU CADEAU DE NOËL QUE JE RECEVAIS», DISAIT SAINT-EXUPÉRY [1]. CAR C'EST L'EFFORT ET LE CŒUR MIS À L'OUVRAGE QUI SUSCITENT EN NOUS LA JOIE.

En ce début de l'année 1997, l'enfance justement nous interpelle à travers les événements qui continuent à la malmener. En effet, 250 millions d'enfants de 5 à 14 ans sont contraints au travail, «le plus souvent employés par des adultes rapaces à des tâches dangereuses [2]». Dans son rapport intitulé *La situation des enfants dans le monde – 1997*, l'Unicef (Fonds des Nations unies pour l'enfance) cible sa lutte contre le travail des enfants et s'emploie à détruire quatre mythes qui permettront à certains pays de faire fi de la Convention relative aux droits de l'enfant adoptée en 1989.

Selon le premier mythe, le travail des enfants serait circonscrit aux pays en développement. Cela n'est pas tout à fait vrai, car même aux États-Unis beaucoup d'enfants sont employés dans l'agriculture. Ils sont en majorité issus de familles immigrées ou de minorités ethniques.

---

1. Saint-Exupéry, A. *Le petit prince*. Gallimard, Paris, 1946.
2. Agence France-Presse. *Le relevé du Bureau international du travail*, automne 1996.

Deuxième mythe : les enfants-travailleurs fabriqueraient des articles bon marché destinés aux pays nantis. En fait, moins de 5 % des enfants sont employés dans les industries d'exportation. Il est faux également d'affirmer que « si les gouvernements et les consommateurs des pays riches faisaient pression sur les pays où le travail des enfants est répandu, cette pratique régresserait ».

Il est vrai que la dénonciation et l'indignation répétées sont essentielles. Cependant, les boycottages n'affectent que les industries exportatrices et ont des conséquences plus négatives pour les enfants.

Le dernier mythe à détruire est celui selon lequel le travail des enfants ne sera éliminé que lorsque sera vaincue la pauvreté. Selon l'Unicef, « l'emploi des enfants à des travaux dangereux peut et doit être éliminé indépendamment de mesures plus vastes visant à éliminer la pauvreté ». Sa stratégie est donc, d'une part, d'interdire totalement le travail des enfants « dans des conditions dangereuses » et, d'autre part, de donner aux familles pauvres des solutions de remplacement, entre autres le renforcement d'une école plus adaptée aux conditions de vie des enfants [3].

L'autre événement qui a ébranlé particulièrement les familles est celui des agressions sexuelles perpétrées contre les enfants et médiatisées par « l'affaire Dutroux » en Belgique.

Insidieusement, la médiocrité des normes de notre société a fait place à un mal atroce, celui du calvaire de quatre fillettes. Dans un « sursaut moral » pour l'enfance, les Belges ont entrepris la plus grande manifestation éthique de

---

3. Boyer, P. « L'Unicef cible sa lutte contre le travail des enfants ». *La Croix,* 17 décembre 1996.

l'histoire. Une «marée blanche» de 300 000 personnes a défilé silencieusement pour l'humanité entière à Bruxelles, en ce dimanche 20 octobre 1996. Cet immense cortège, d'une part, était un témoignage de solidarité envers les parents des enfants victimes de Dutroux et, d'autre part, voulait rappeler au monde que «la seule légitimité des forts est la protection des faibles[4]».

En ce début de l'année 1997, sommes-nous prêts à prendre nos responsabilités vis-à-vis des enfants et à leur permettre de mettre leur confiance aveugle dans des adultes généreux capables de les aider à s'épanouir?

C'est le renard qui disait au petit prince: «Tu deviens responsable pour toujours de ce que tu as apprivoisé...» Pouvons-nous alors à notre tour être un Québec aussi aimant de ses enfants?

---

4. Frappart, B. «Civilisation». *La Croix,* 22 octobre 1996.

Plumes et pinceaux

Le nid chaud
De tes bras
Coussiné et douillet
Satin et dentelle
M'a portée, emportée
Et jusqu'à mes poupées
Préférées, j'ai cherché
À retrouver ce lien enchanté.

Des rêves de tes tableaux
À mes premiers dessins
Maladroits
J'ai entendu
Exclamations et bonheurs
Secrets chéris de l'heure
Qui ne passaient pas
Sous ce toit.

Et quand papa rentrait
... tu entendais ses pas
Pour surprendre un baiser
Moi, je suivais de près
Et princesse j'étais,
Car vous étiez mon roi.

Patricia Ayoub
Mars 2004

II

Les jeunes

13 septembre 1992

Le drame des adolescents

LORSQUE NOUS PARLONS DES CAUSES DU SOMMEIL EXCESSIF CHEZ CERTAINS ADOLESCENTS, PARTICULIÈREMENT DURANT LES HEURES DE CLASSE, LA PLUPART DES PROFESSIONNELS INTERROGÉS FONT RÉFÉRENCE À LA PARESSE, AUX PROBLÈMES PSYCHOLOGIQUES OU AUX MALADIES MÉDICALES ASSOCIÉES AUX TROUBLES DU SOMMEIL.

Ce fut le cas du jeune Frédéric que j'ai rencontré à la Clinique du sommeil de l'hôpital du Sacré-Cœur, par l'entremise de son médecin traitant, le docteur Odile Lapierre.

Frédéric est un adolescent de 15 ans, en deuxième secondaire. Il y a deux ans, il a noté qu'il s'endormait carrément pendant les cours de l'après-midi. « Je pensais que je m'assoupissais pour quelques minutes, pour me réveiller ensuite et réaliser que le cours était terminé », me dit-il. Au début, la famille de Frédéric ainsi que ses professeurs l'ont traité de paresseux. Quant à ses camarades, ils riaient tout bonnement de ses excès imprévisibles de sommeil.

Face à son désarroi et à son impuissance à rester éveillé malgré ses efforts, ses parents ont essayé, en un premier temps, de minimiser le problème : « C'est probablement ton adolescence. Tu grandis vite et ça prend toute ton énergie... » Cependant, avec le temps et les symptômes qui persistaient, Frédéric commençait à perdre confiance en lui, en la vie, et à douter de lui-même et des autres. Il perdait de plus en plus intérêt à toutes les activités extérieures, devenait solitaire et se confinait à écouter la télévision, à manger et à dormir. Il prit donc de l'embonpoint et se laissa aller à cette grande monotonie quotidienne. Il fut examiné par plusieurs médecins qui ne décelèrent aucune maladie et conclurent que son état était plutôt psychologique.

Les parents de Frédéric décidèrent alors de le faire passer de l'école publique à l'école privée, mais en vain. Il dut même doubler sa première secondaire. C'est uniquement lors de l'été dernier que ses parents furent réellement ébranlés, quand, au cours des vacances, il développa un épisode de faiblesse musculaire intense sous l'effet d'une émotion, symptôme typique connu sous le nom de cataplexie. Il fut alors admis à l'hôpital Sainte-Justine.

Après avoir été vu par plusieurs consultants, il fut confié au docteur Odile Lapierre qui, après avoir effectué les tests appropriés, diagnostiqua chez Frédéric la maladie de la narcolepsie. Ce fut pour lui un grand soulagement d'apprendre de quelle maladie il était affligé et d'obtenir tout le soutien nécessaire pour reprendre sa vie normale.

Frédéric est ravi de voir qu'à l'école l'attitude d'incompréhension initiale de ses professeurs s'est transformée en une attitude d'encouragement. Après avoir été catégorisé comme un lunatique et un *tough* parce qu'il est «bien bâti», il respire enfin une bouffée de chaleur humaine... Il a les larmes aux yeux en se rappelant tous les sarcasmes auxquels il a été soumis; mais il ne garde rancune à personne. Frédéric comprend et pardonne. Même si les médicaments qu'il reçoit n'agissent pas toujours, il entrevoit l'avenir avec beaucoup de confiance. Il a pleinement repris sa vie scolaire et rêve de devenir un sportif professionnel.

Le drame interne qu'a vécu Frédéric est similaire à celui que vit une grande partie des adolescents. Nous autres, les adultes, nous ne prenons pas au sérieux les jeunes. Nous ne sommes pas souvent à leur écoute; nous préférons les catégoriser plutôt que de prendre le temps de comprendre les raisons de leurs comportements. Face à cette incompréhension et à l'absence de points de repère, les adolescents ne croient en rien, sauf peut-être en eux-mêmes. Cette confiance en soi est en fait leur bouée de sauvetage. Ne nous en offusquons pas. Au contraire, faisons preuve de solidarité à leur égard pour les aider à atteindre leurs aspirations.

Pourquoi, par exemple, ne pas susciter, autour des jeunes et avec eux, la création de lieux et de mouvements communautaires qui les libéreraient de leur solitude et où ils démontreraient au monde leur sens des responsabilités et leur créativité?

Et cela n'est pas une utopie. En effet, les communautés Foi et Lumière, réparties à travers le monde, ont permis à des jeunes valides et handicapés, à leurs parents et à leurs amis, de vivre ensemble une expérience communautaire lors d'excursions ou de pèlerinages. Au cours de ces rencontres, les jeunes prennent conscience de leurs dons et cessent d'avoir peur d'eux-mêmes. Alors ils deviennent en mesure de «bâtir sans exclure[1]».

Chez nous, le drame des adolescents devient de plus en plus alarmant. Dans une recherche menée auprès des jeunes, sous la direction de Jacques Grand'Maison, les adolescents ont dit comment «il était difficile de croire aux autres, en l'avenir, en la société». Cette recherche révèle

---

1. Lenoir, F. *Les communautés nouvelles*. Fayard, 1988, p. 106-115.

«leur situation dramatique jusque dans ses profondeurs humaines, morales et spirituelles[2]». Sommes-nous prêts à faire jaillir de nos cœurs l'amour nécessaire pour sauver les jeunes?

2. Grand'Maison, J. *Le drame spirituel des adolescents*. Fides, 1992.

Les ados en miettes

RÉCEMMENT, LE PSYCHOLOGUE RICHARD CLOUTIER PUBLIAIT LES RÉSULTATS DE SON ENQUÊTE MENÉE AUPRÈS D'ADOLESCENTS DE MONTRÉAL, DE QUÉBEC ET DES RÉGIONS, QUI RÉVÈLENT QUE 80 % DES ÉLÈVES DU SECONDAIRE N'ÉPROUVENT PAS DE DIFFICULTÉ DANS LEURS RELATIONS AVEC LES PARENTS NI AVEC L'ÉCOLE.

Cela est vrai quand on les questionne, mais comment expliquer qu'il y a 40 % de décrocheurs ?

En France, le phénomène est identique, et l'alarme est sonnée, car les « ados sont en miettes ». Il ne s'agit plus de mettre l'accent sur l'autonomie des adolescents. Selon le psychanalyste Tony Anatrella, le plus grave, c'est que les parents absents ne transmettent pas les valeurs dont les enfants ont besoin [1]. Lors de la clôture du colloque sur la réussite scolaire organisé en janvier 1992 par la Centrale de l'enseignement du Québec et l'Université Laval, une jeune de 17 ans, Stéphanie Boka, a dit du haut de son estrade : « Notre système scolaire est malade… Il y a un besoin urgent d'humaniser les ressources. Comme c'est là, nous sommes traités comme des rats de laboratoire. » Quel est donc le drame profond qui se cache derrière tout cela ?

Pour mieux comprendre, j'ai participé comme observateur à une des cliniques du docteur Jean Wilkins, chef du Service de la médecine de l'adolescence à l'hôpital Sainte-Justine.

---

1. Anatrella, T. « Les ados en miettes ». *Le Nouvel Observateur*, n° 1457, 8 octobre 1992.

Julie a 14 ans et vient de commencer sa première année du secondaire. Mais deux jours après son entrée à l'école secondaire, elle est continuellement malade : elle souffre de fatigue générale, de maux de tête, de vomissements, de perte d'appétit et de perte de poids. Alarmés, ses parents l'amènent à l'urgence, et elle est hospitalisée pour investigation de son anorexie et de sa perte de poids. Toute l'évaluation, incluant une biopsie gastrique, s'est avérée normale.

Sa mère est désemparée : « Je ne sais plus quoi faire. Nous n'avons pas de problèmes familiaux avec Julie, et elle adore aller à l'école. Et pourtant elle bloque... il semble qu'elle n'arrive pas à s'adapter au secondaire. » Julie aussi n'a pas d'explications à ce qui lui arrive. Alors tout doucement et avec beaucoup de considération, le docteur Wilkins explique à Julie les causes médicales les plus fréquentes au vomissement. Il mentionne qu'elles ont toutes été éliminées. Alors c'est probablement le stress et la difficulté d'adaptation à la première année du secondaire qui sont responsables de son état. « Les répercussions qu'elles ont, notamment sur ton niveau de fatigue et ton absentéisme scolaire, sont disproportionnées avec ton état physique. » Il lui conseille, mais avec fermeté, de rester à l'école et de ne pas retourner à la maison au moindre symptôme, comme elle l'a fait jusqu'à présent. Il parlera au directeur de l'école pour s'assurer de sa collaboration et la suivra de près. Le visage de Julie commence à se détendre. Elle sourit. Sans s'en douter, elle vient de découvrir un point d'appui : son médecin. Elle quitte avec ces mots encourageants du docteur Wilkins : « Vas-y, avance, t'es capable ! »

Quant à Marie, 16 ans, elle est toute concentrée à maintenir son poids idéal en ne dépassant pas sa diète quotidienne de 1200 calories. Si elle mange trop, elle panique et vomit. C'est une jeune fille intelligente qui, dans sa quête d'appartenance, met pour l'instant l'accent sur l'image physique qu'elle projette. Elle a ainsi changé de coiffure parce qu'elle ressent le besoin d'avoir un *new look*. Même si elle ne pèse que 55 kg, elle est angoissée et veut encore maigrir.

Le docteur Wilkins l'écoute patiemment et de temps à autre commente certaines de ses réflexions. Tout en reconnaissant le côté «spécial» de son caractère, il l'encourage: «Tu as un paquet de talents. Sois ce que tu es et n'essaie pas d'être autre...»

D'autres adolescents ont aussi réagi à leur environnement par des troubles de la somatisation tels que l'anorexie et la perte de poids. À la fin de la clinique, le docteur Wilkins me fait ses commentaires. Il reconnaît qu'un nombre de plus en plus élevé d'adolescents sont fragiles. Le symptôme extérieur qu'ils manifestent est un signe d'une souffrance personnelle et intérieure. Après avoir éliminé les causes organiques, le médecin doit prendre le temps nécessaire et aller en profondeur pour trouver le déclencheur des troubles somatiques. Une fois que le médecin l'a trouvé, il doit mettre de l'ordre dans les conflits qui existent tout en préservant l'honneur et la dignité de l'adolescent.

«Quant à moi, me dit le docteur Wilkins en signe de conclusion, je reste dans l'estrade... J'évite les affrontements et je dis aux jeunes où lancer la balle pour réussir. Les jeunes veulent se construire. Ils sont à la recherche de repères et de personnes qui ne les jugent pas, mais qui sont capables de les écouter et de leur dire la vérité.»

Dans une enquête menée auprès des jeunes de Saint-Jérôme, Jacques Grand'Maison va encore plus loin: «Les adolescents ont besoin d'être aimés pour eux-mêmes. Tout en voulant être mis au défi, ils ont besoin de rencontrer des adultes crédibles qui croient à ce qu'ils font... L'enjeu de fond ici est la capacité d'engager sa propre histoire avec celle des autres. C'est là où peut naître une nouvelle espérance entreprenante[2].»

---

2. Grand'Maison, J. *Le drame spirituel des adolescents.* Fides, 1992.

La lutte
contre le tabagisme

SELON LES CHIFFRES PUBLIÉS PAR STATISTIQUE CANADA EN 1992,
LE CANCER DU POUMON TUERA BIENTÔT PLUS DE FEMMES QUE
LE CANCER DU SEIN.

Cette augmentation de la mortalité est reliée à la lenteur avec laquelle les fumeuses renoncent à leur habitude. D'autre part, quoique le cancer du poumon demeure le plus répandu chez les hommes, le nombre de cas et le taux de mortalité se sont stabilisés à cause d'une baisse du tabagisme de l'ordre de 50 % au cours des trente dernières années. Si nous voulons contrer l'épidémie des maladies causées par le tabagisme, notamment le cancer, les maladies cardiaques et celles des voies respiratoires, il nous faut éduquer nos adolescents sur les méfaits de la cigarette.

En effet, une enquête effectuée en 1986 parmi les jeunes âgés de 12 à 17 ans révèle que 50 % des élèves commencent à fumer à 12 ans et que 90 % des élèves qui fument quotidiennement 4 cigarettes ou plus deviendront des fumeurs réguliers, avec tout ce que cela engendrera de maladies au cours de leur vie active.

Nicole C. est une infirmière âgée de 45 ans. Elle a commencé à fumer à 16 ans. À ce moment, ce qui la motivait, c'était le *thrill* de fumer en cachette au pensionnat. Sans s'en rendre réellement compte, elle y prit goût et continua à fumer quotidiennement 10 et puis 20 cigarettes.

Au fil des années, Nicole se maria, amorça sa carrière en tant qu'infirmière et eut deux enfants. Au fil des ans, la cigarette était devenue pour elle comme « une amie à ma portée pour toutes les situations de ma vie courante. Si j'étais gaie, triste, stressée ou gênée, me dit-elle, la cigarette était là pour me tenir compagnie. Je me sentais immédiatement plus à l'aise et plus élégante dans ma stéréotypie de fumeuse. » Ce n'est qu'à 43 ans que Nicole se mit à se questionner sur la nécessité de fumer. Sa santé commençait à s'en ressentir : elle avait parfois des palpitations et d'autres fois des quintes de toux. De plus, cela devenait gênant de fumer dans les endroits publics où elle devait chercher l'enceinte spéciale réservée aux fumeurs. Et finalement, le coût en hausse du paquet de cigarettes commençait à peser sur son budget. C'est cette combinaison de facteurs qui incita Nicole à essayer à quelques reprises de cesser de fumer.

Malheureusement, après quelques jours d'arrêt, elle reprenait la cigarette en trouvant des causes pour justifier cela, notamment les symptômes de manque ainsi que l'augmentation de son appétit et sa phobie de prendre de l'embonpoint. Récemment cependant, Nicole a commencé à avoir des épisodes plus fréquents d'angine de poitrine et des essoufflements nécessitant la prise de bronchodilatateurs.

Elle a décidé alors de prendre les grands moyens et d'ajouter à son simple désir d'arrêter de fumer une aide médicale, les timbres de nicotine, afin de diminuer les symptômes de sevrage associés avec l'arrêt du tabac. Cette fois-ci, Nicole est confiante et elle est décidée à écraser la cigarette pour vivre en santé.

J'ai aussi vu en consultation Laurent G., âgé de 65 ans ; il commença à fumer à l'âge de 18 ans sous l'influence de quelques amis et pour paraître plus « homme adulte ». Cet engouement initial pour la cigarette se transforma en habitude de fumer un paquet quotidiennement durant 40 ans. Il y a cinq ans, lors d'une discussion avec un ami sur les méfaits de la cigarette, ils décidèrent d'un commun accord d'écraser leur dernière cigarette. Depuis, il n'a plus fumé. Il y a deux mois cependant, une toux sèche se manifesta. Une radiographie pulmonaire révéla la présence d'une masse qui s'avéra être à l'investigation un cancer localisé inopérable. Après avoir discuté avec Laurent et sa famille du diagnostic, de l'évolution de la maladie, des options thérapeutiques et de leurs effets secondaires, pour obtenir les meilleurs résultats, je lui ai proposé un traitement combiné de chimiothérapie et de radiothérapie dans le cadre d'un protocole de recherche clinique.

Dans la lutte contre le tabagisme, le point névralgique est de convaincre les jeunes de ne pas fumer. Lors d'une conférence sur la consommation du tabac en novembre 1992, le ministre de la Santé nationale et du Bien-être social, Benoît Bouchard, soulignait que les adolescents au Canada dépensaient annuellement plus d'un demi-milliard de dollars en tabac et qu'au minimum 70 000 nouveaux adolescents s'ajoutent au long cortège de ceux qui fument régulièrement, et dont 38 000 décéderont annuellement.

L'introduction d'une loi pour défendre la vente du tabac aux mineurs n'est qu'un petit aspect de la solution qui doit essentiellement viser à prendre le temps d'éduquer les adolescents à donner un vrai sens à une vie qui vaut la peine d'être vécue pleinement.

Du désespoir
à l'espérance de vie

MALGRÉ UN PLAFONNEMENT OBSERVÉ DEPUIS QUELQUES ANNÉES, LE QUÉBEC A CONNU À PARTIR DE LA FIN DES ANNÉES 1970 UNE ACCÉLÉRATION ALARMANTE DU TAUX DE SUICIDE, PARTICULIÈREMENT CHEZ LES JEUNES GENS ÂGÉS DE 15 À 24 ANS.

C'est ainsi que le suicide est considéré à l'heure actuelle comme un problème de santé publique, puisqu'il est, avec les accidents de la route, un des deux grands tueurs de jeunes. En fait, parmi les objectifs retenus à la suite d'une analyse approfondie des problèmes sociaux et de santé de la population québécoise figure celui de réduire de 15 % le nombre de suicides et de tentatives de suicide d'ici 10 ans.

Il est vrai que tous les suicides n'ont pas la même signification, et, chez la plupart des jeunes gens au Québec, ils relèvent de la maladie mentale. C'est ce que révèle une étude menée récemment par «autopsie psychologique» sur de jeunes adultes (âgés de 18 à 35 ans) par l'hôpital Louis-H. Lafontaine et le Centre de recherche Fernand-Seguin. Selon cette étude, les pathologies mentales suivantes sont fortement associées au suicide: la dépression majeure, l'abus d'alcool et de drogue, la schizophrénie et la personnalité *borderline*. Cette étude montre aussi que, contrairement à ce qui est généralement véhiculé, ce ne sont pas nécessairement les plus pauvres qui se suicident. La majorité des suicidés avaient un emploi et vivaient dans un foyer avec un revenu supérieur à 40 000 $. La même tendance est observée dans les pays nordiques jouissant d'une grande sécurité sociale, tels que la Suède et le Danemark. Finalement, l'étude met en relief la prévalence marquée du décrochage chez ces jeunes, particulièrement au secondaire.

Nous voyons aussi de plus en plus de personnes qui, face à la solitude, à l'indifférence, et au milieu de toutes les vicissitudes de notre existence moderne, choisissent délibérément la voie du suicide. Ce fut le cas le 1er mai dernier du premier ministre de la France, monsieur Pierre Bérégovoy. Ébranlés, les Français se sont posé la question : «Pourquoi?» Certains commentateurs ont voulu rendre hommage à la supériorité de l'homme politique en exaltant le stoïcisme d'un tel acte. Par contre, l'ancien ministre de la Santé, le docteur Bernard Kouchner, a préféré citer le poète russe Maïakovski qui, épuisé par des difficultés personnelles et l'hostilité de certains milieux politiques, se suicida en laissant ces quelques lignes : «La barque de l'Amour s'est brisée à la vie quotidienne... Inutile de passer en revue les doutes, les malheurs et les torts réciproques. On verra plus tard...»

Pour atteindre son objectif de réduction de 15 % du nombre de suicides, le ministère de la Santé préconise les voies d'action prioritaires suivantes : améliorer les capacités psychosociales des individus et des familles, prévenir les crises familiales, adopter une approche sociale de prévention du suicide et améliorer l'intervention lors de situations de crise[1]. Mais il nous faudra aller bien au-delà de la rhétorique, si nous voulons atteindre le cœur des jeunes et les sauver.

---

1. Gouvernement du Québec – MSSS. *La politique de la santé et du bien-être.* Québec, 1992.

Écoutons Guy Gilbert, prêtre-éducateur des jeunes à Paris, et qui en a sauvé des centaines du suicide. Selon lui, le jeune suicidaire arrive doté d'un passé fait de désastres importants et successifs dans lequel il s'est installé. « Il faut écouter alors sans commentaires les précipices qu'il nous décrit. C'est uniquement par la confiance et la durée offertes que l'on éclaire d'un jour nouveau les contours des failles où le jeune se précipite. Il faut les lui faire éviter et être prêts à aller jusqu'au bout de l'échec en suivant inexorablement son parcours chaotique. C'est à ce prix que notre présence douce et solide lui donnera enfin cette force irremplaçable : la sécurité... Quand un jeune s'ancre dans un adulte, il reçoit sa force et sa combativité. Ce sont la confiance et l'amitié qui lui rappellent à l'ultime moment (celui du suicide) qu'on n'a pas le droit de décevoir celui qui a tout jeté à son service [2]. »

Et quel est donc le secret de Guy Gilbert ? Il nous le livre dans son franc-parler : « Je me suis toujours servi de l'échec pour aider à grimper plus haut. Seul l'Évangile vécu au ras des pâquerettes m'a permis de vivre cette dynamique. » Son équipe à Paris a permis la formation de dizaines d'éducateurs de par le monde, intéressés à venir en aide aux jeunes. Dans le même ordre d'idée, l'abbé Pierre rapporte cette pensée de l'écrivain français Montherlant : « Quand on a bien regardé la vie, il n'y a que le suicide ou Dieu [3]. » Quand nous sommes misérables ou pris dans l'engrenage du désespoir, si nous croyons quand même que Dieu est le maître de l'impossible, alors toute pensée suicidaire s'estompe pour faire place à une lumière invisible qui nous inondera et nous permettra de reprendre le chemin du combat pour la Vie.

---

2. Gilbert, G. *Jusqu'au bout !* Stock, 1993.

3. Abbé Pierre, Kouchner, B. *Dieu et les hommes.* Robert Laffont, 1993.

20 juin 1993

Pour qu'ils aient la vie en abondance

LE LENDEMAIN DE LA VICTOIRE DU CANADIEN EN FINALE DE LA
COUPE STANLEY, TOUTE LA PRESSE RAPPORTAIT LES NOMBREUX
ACTES DE VANDALISME ET DE PILLAGE DÉBRIDÉS PERPÉTRÉS AU
CENTRE-VILLE DE MONTRÉAL PAR DES JEUNES SURVOLTÉS, AUX
VISAGES HAGARDS, QUI DÉFERLAIENT SUR LA RUE SAINTE-
CATHERINE, SACCAGEANT TOUT SUR LEUR PASSAGE.

Selon les rapports officiels, cette anarchie n'était l'œuvre
que d'une bande multiethnique de jeunes « voyous » délinquants. Pour plusieurs fatalistes, cette « émeute » sonne le
glas de Montréal, la prestigieuse ville de la « joie de vivre »,
pour faire place à une autre métropole régie par la violence. Il y a quelques mois déjà, Claude Masson, dans un
éditorial percutant, nous mettait en garde contre l'explosion de cette violence qui habite notre société. Il préconise
que la société québécoise se mobilise en faveur de la non-
violence plutôt que de s'attarder à toujours chercher des
coupables [1].

Le ministère de la Santé et des Services sociaux (MSSS) a
aussi pressenti la gravité de la délinquance, particulièrement à Montréal. Au cours des dernières années, « la
hausse des crimes contre la personne se révèle importante

---

1. Masson, C. « Violence! Violence! Violence! » *La Presse*, 12 novembre
   1992.

et représente une caractéristique particulière de la délinquance contemporaine[2]». Dans son document sur la politique de la santé et du bien-être, le MSSS décrit le délinquant type et les principaux facteurs individuels, familiaux, scolaires, communautaires et sociaux à son origine. Il reconnaît que les interventions actuelles pour arrêter et prévenir un tel délit sont loin d'être satisfaisantes. Par exemple, l'évaluation des services donnés par les centres de réadaptation pour jeunes en difficulté d'adaptation révèle que les objectifs pousuivis ne sont pas atteints. Or, la société québécoise a dépensé un total de 601 millions de dollars en 1989-1990 pour les jeunes en difficulté, dont 320 millions pour ces établissements. Le blâme de l'échec d'un tel investissement est mis en partie sur la grande taille de ces établissements.

Dans sa politique de la santé et du bien-être, le MSSS s'est donc fixé pour objectif, d'ici l'an 2002, entre autres de diminuer la prévalence et la gravité de la délinquance en priorisant les voies d'action suivantes : responsabiliser davantage les pères, agir au sein du milieu scolaire, privilégier les interventions souples, rechercher un meilleur équilibre dans les investissements consacrés aux jeunes en difficulté et procéder à des ajustements de façon à améliorer l'efficacité des interventions menées en vertu de la Loi sur les jeunes contrevenants. Mais il faudra aller au-delà des structures, si nous voulons sauver les jeunes et notre nation.

Dans ce contexte, Jacques Grand'Maison, à la suite de sa recherche-action sur quatre générations issues de la société québécoise, dans laquelle il a sondé la conscience de centaines de personnes, nous implore de «renverser la vapeur d'une société qui s'est enlisée dans une sorte de marais fait

---

2. Gouvernement du Québec – MSSS. *La politique de la santé et du bien-être.* Québec, 1992.

de complaisance et d'hédonisme[3]». Il veut sauver l'humain et propose les solutions suivantes au drame des adolescents: mieux entendre leur besoin de sécurité, leur faire confiance et mériter leur confiance, les faire rencontrer de vrais adultes, répondre intelligemment à leurs besoins de modèles et réels points de repère, reconnaître la chance des groupes... et la responsabilisation et, enfin, leur donner à entendre des pensées cohérentes, des convictions éprouvées.

Si réellement nous voulons que les jeunes prennent la relève pour gouverner le Québec des années 2000 d'une façon responsable, dans l'esprit de la vérité de nos traditions et de notre culture, et qu'il y ait un retour aux valeurs fondamentales, il va falloir leur pointer les témoins sans frontières qui ont rencontré Jésus-Christ, tels que Jean Vanier, mère Teresa, Guy Gilbert, Daniel-Ange, Jean-Paul II, Jacques Lebreton et bien d'autres. En septembre 1984, au Stade olympique de Montréal, 65 000 jeunes épris de liberté et de vérité ont rencontré le pape Jean-Paul II.

Il n'y a pas eu de violence ou de saccage. Ils étaient avides de savoir quel est son secret et qu'il leur confirme s'ils ont raison de croire à la vie. Et la question renvoyée par Jean-Paul II aux jeunes fut: «Diras-tu oui à la vie?» Depuis quelques années, Jean-Paul II rencontre les jeunes régulièrement pour insuffler en eux le courage d'une vie responsable, loin de l'étouffement des «cages dorées» et des «paradis artificiels». Après les rencontres de Rome, Buenos Aires, Saint-Jacques-de-Compostelle et Częstochowa, sa prochaine rencontre avec les jeunes sera à Denver, où se déroulera, du 11 au 15 août 1993, la VIIIe Journée mondiale de la jeunesse.

---

3. Grand'Maison, J. *Le drame spirituel des adolescents*. Fides, 1992.

Jean-Paul II invite tous les jeunes à ce rendez-vous où ensemble ils iront à la recherche de Dieu. À ce jour, il n'y a que 600 jeunes Québécois qui partiront en autobus de Québec, Trois-Rivières et Montréal pour assister à cette rencontre avec un million d'autres jeunes. Le thème de cette année est : « Je suis venu pour qu'ils aient la vie et qu'ils l'aient en abondance. » Pourquoi donc n'apporterions-nous pas l'aide financière nécessaire pour permettre à plusieurs jeunes, désireux de participer à cette journée mondiale, d'y aller ? Cette rencontre sera certainement, au même titre que les autres, le pôle d'orientation de la vie de milliers de jeunes...

4 juillet 1993

À la source de la drogue chez les ados

LA CONSOMMATION D'ALCOOL ET DE DROGUES PAR NOS ADOLES-
CENTS EST DEVENUE UN PHÉNOMÈNE DE SOCIÉTÉ ET UN PRO-
BLÈME DE SANTÉ AUXQUELS TOUS LES GOUVERNEMENTS
TENTENT DE TROUVER UNE SOLUTION EFFICACE.

Une étude de Santé Québec révèle qu'environ 90 % des jeunes québécois âgés de 15 à 29 ans consomment de l'alcool, tandis qu'environ 10 % fument du cannabis et que 5 % souffrent d'une dépendance aux drogues dures[1]. À travers cela, les jeunes recherchent une euphorie éphémère pour leur faire oublier la misère du monde dans lequel ils survivent. Ce n'est que plus tard qu'ils réalisent que la drogue est une pente dangereuse qui conduit à plusieurs dérèglements, allant des moyens faciles pour obtenir de l'argent, tels que la prostitution et les délits, jusqu'aux problèmes sérieux de santé, notamment la contamination par le VIH des toxicomanies intraveineuses et les tentatives de suicide.

Quels sont les facteurs qui expliquent ce refuge des ados dans la drogue ? Claude Couderc, dans son récent ouvrage à ce sujet, va droit au but : « Tous les jeunes toxicomanes sont en rupture avec leur entourage familial, car il n'existe pas d'enfant heureux et drogué[2]. » Son réquisitoire rap-

---

1. Santé Québec. *Consommation d'alcool et de drogues chez les jeunes Québécois.* Gouvernement du Québec – MSSS, 1991.

2. Couderc, C. *Nos enfants face à la drogue.* Fixot, 1993.

porté dans *Paris Match* est percutant : «Les parents sont de moins en moins capables de structurer par leur exemple la personnalité de leurs enfants. De plus, ils leur accordent très peu de temps, pensant qu'il est suffisant de leur assurer un confort matériel... C'est une carence affective familiale, ajoutée à la pression scolaire et à la peur de l'avenir, qui est l'élément déterminant qui mène les jeunes à se précipiter dans la drogue[3]. »

Et pourtant, au lieu de régler le problème à sa source, plusieurs États européens ont carrément démissionné en dépénalisant l'usage des drogues «douces» (le cannabis et ses dérivés). C'est le cas de la Hollande où Amsterdam est devenu le supermarché européen des stupéfiants. C'est aussi le cas de la Suisse où à Zurich, un des plus grands centres bancaires du monde, les héroïnomanes se «piquent» tranquillement dans les petits parcs qui entourent le centre-ville. J'ai vu le spectacle désolant de ces jeunes amorphes, indifférents à tout ce qui les entoure et qu'a si bien décrit Pierre Foglia dans sa rubrique, lors de son passage à Zurich l'été passé... Récemment, l'Espagne et l'Italie ont aussi choisi cette voie, avec des conséquences néfastes. Quant à la France qui jusqu'à maintenant menait une lutte sans merci contre les trafiquants, elle est en période de réflexion devant un échec policier : ses forces de l'ordre sont incapables de maîtriser l'usage et le trafic des stupéfiants.

Chez nous, la Sûreté du Québec tient bon. Après avoir démantelé plusieurs réseaux importants, elle met actuellement en action un programme d'intervention contre les trafiquants dans les écoles. Quant au ministère de la Santé et des Services sociaux, il prévoit, parmi les objectifs de sa politique de la santé et du bien-être, réduire les troubles de comportement des enfants et des adolescents en «agissant

---

3. Buanic, C. «Interview avec C. Couderc : la drogue et les enfants». *Paris Match,* 18 mars 1993.

sur le climat de l'école secondaire afin d'en faire un milieu de vie stimulant, un lieu de développement autant que d'apprentissage » et en prévenant le décrochage scolaire[4].

Au-delà de ces actions prioritaires, les ados ont surtout besoin de points de repère solides. Ils voient que le monde moderne est dominé par trois idoles : l'argent, la puissance et le plaisir. Ils voient aussi que ceux qui les obtiennent n'en sont pas nécessairement plus heureux et deviennent plutôt blasés et taciturnes. Alors, ils ne comprennent plus rien et se tournent vers la drogue, à la recherche d'un certain éblouissement et d'un embellissement de leurs rêves. Par contre, si nous décidons de modifier nos valeurs et de devenir des témoins de l'amour et de l'Essentiel, là les jeunes voudront nous imiter, car ils ont une capacité insoupçonnée de courage, d'amour et d'espérance.

---

4. Gouvernement du Québec – MSSS. *La politique de la santé et du bien-être*. Québec. 1992.

Pour l'amour de la vie

SELON LES TRAVAUX DU DÉMOGRAPHE JACQUES HENRIPIN, LES
CANADIENNES DU XVIIIᴱ SIÈCLE DÉTENAIENT LE CHAMPIONNAT
DE LA FÉCONDITÉ DANS LE MONDE OCCIDENTAL. CELA A CON-
TRIBUÉ À LA NAISSANCE D'UNE NATION.

Malgré certaines oscillations, cette natalité accrue se pour-
suivit avec une dernière poussée entre 1945 et 1960, donnant naissance à la génération dite des *baby-boomers.*

Ils ont aujourd'hui de 35 à 50 ans. Avec l'avènement de la
pilule contraceptive en 1962, ce fut la dégringolade des
naissances, le Canada ayant à l'heure actuelle un des taux
de natalité les plus bas parmi les pays industrialisés. Cette
régulation radicale des naissances était d'une part reliée à
un changement de notre mode de vie dans un monde
moderne en perpétuelle mutation. D'autre part, c'était
également une réaction de peur face au rapide développement démographique et la crainte que la population mondiale n'augmente plus vite que les ressources à sa
disposition.

C'est dans ce contexte que, il y a 25 ans, Paul VI promul-
guait une encyclique sur la régulation des naissances,
Humanae vitae, réaffirmant l'opposition de l'Église catholique aux méthodes artificielles de contraception et plai-
dant pour un amour vrai et une «paternité responsable».

L'encyclique prédisait déjà que la régulation artificielle de la
natalité «ouvrirait une voie large et facile à l'infidélité

conjugale et à l'abaissement général de la moralité». De plus, elle s'inquiétait des répercussions dangereuses aux mains de certaines autorités publiques peu soucieuses des exigences morales: «Qui empêchera les gouvernants de favoriser et même d'imposer à leurs peuples, s'ils le jugeaient nécessaire, la méthode de contraception estimée par eux la plus efficace[1]?»

Selon William Oddie, la menace d'un surpeuplement de notre planète ou d'une «popullution», telle que les écologistes préfèrent l'étiqueter, est basée sur de fausses présomptions.

La première de celles-ci est que la pauvreté est le résultat, entre autres, d'un taux élevé de croissance démographique. En fait, si l'on regarde ce qui se passe en Afrique, on réalise que la famine est présente dans les pays dont la population est clairsemée. Ce sont surtout les facteurs politiques et la guerre civile qui résultent en une diminution massive de la production alimentaire.

Le second argument est qu'une surpopulation résulterait en un désastre écologique. Or, dans un pays menacé par l'érosion du sol, tel que l'Éthiopie, une des meilleures solutions, c'est la présence d'une main-d'œuvre suffisante pour remuer la terre...

Un autre argument est que les ressources terrestres sont limitées et peuvent s'épuiser. Or, selon l'Académie des sciences des États-Unis, il n'y a pas à s'inquiéter de cela. Quant au manque d'espace géographique, «toute la population mondiale pourrait vivre confortablement au Texas[2]».

---

1. Paul VI. *Lettre encyclique* Humanae vitae *sur la régulation des naissances*. Paulines, 1968.

2. Oddie, W. «Populate or perish». *Sunday Telegraph*, 25 juillet 1993.

Qu'en est-il donc pour la vie de couple et le choix des femmes ? Selon une gynécologue, Françoise Pinguet, la régulation naturelle des naissances implique une connaissance de la fertilité qui a une dimension physique, affective et spirituelle, essentielle pour l'être humain. En 1993, il existe des moyens précis et efficaces pour une femme de connaître ses périodes de fertilité, basés sur une méthode d'auto-observation.

La plus courante est celle du thermomètre électronique (le Bioself), utilisé quotidiennement, et qui indique par une lumière rouge ou verte si l'on est fertile ou non, la température basale augmentant tout de suite avant l'ovulation.

L'autre méthode, connue sous le nom de Billings[3], est celle de l'observation de la glaire cervicale, c'est-à-dire les pertes vaginales hormonales. En effet, dans les jours qui précèdent l'ovulation, la texture du mucus change et la glaire contient une concentration élevée de sel. Cette observation peut être mieux étudiée à l'aide d'un petit microscope. Dans la pratique, plusieurs couples sont néanmoins déçus des résultats négatifs obtenus pas la méthode Billings. Récemment cependant, grâce aux progrès de la science médicale, des améliorations ont été apportées, notamment la présence de graphiques démontrant les différentes variations de la texture du mucus au cours du cycle menstruel. Cela permet à chaque femme qui reçoit une formation de déterminer son graphique et d'être ainsi consciente de ses périodes de fertilité et d'infertilité

Pour Claire, jeune mariée qui vient de terminer ses études universitaires, la contraception a posé de multiples interrogations, particulièrement parce qu'elle est chrétienne et qu'elle a beaucoup d'admiration pour l'enseignement de Jean-Paul II à tous les jeunes du monde.

---

3. Billings, E., et Westmore, A. *La méthode Billings.* Médiaspaul, 1985.

Dans cet ordre d'idées et après en avoir discuté avec son époux qui partage sa foi, ils ont d'un commun accord décidé de prendre la responsabilité de leurs actes et de choisir la régulation naturelle de la naissance de leurs enfants. Ils ont ainsi choisi de rythmer leur sexualité en fonction de la fertilité de Claire. Cette dernière m'avoue que ce n'est pas un choix facile et que le vécu quotidien nécessite des sacrifices. Dernièrement, ils ont décidé d'immortaliser leur amour et leur union par la naissance de leur premier enfant...

Aujourd'hui, Jean-Paul II rencontre à Denver, près des montagnes rocheuses du Colorado, des jeunes venus des quatre coins du monde pour les inviter à «s'engager en première ligne dans cette bataille de civilisation en faveur de la vie». En contrepartie, il leur offre la réponse et la promesse de Jésus : «Je suis venu pour qu'ils aient la vie et qu'ils l'aient en abondance.»

22 août 1993

La lumière
au bout du tunnel

L'ENQUÊTE SUR L'ÉTAT DE SANTÉ DES QUÉBÉCOIS RÉALISÉE EN
1987 PAR LE MINISTÈRE DE LA SANTÉ ET DES SERVICES SOCIAUX
DU QUÉBEC A ÉTABLI, DANS UNE PERSPECTIVE DE 10 ANS,
19 GRANDS OBJECTIFS DANS LE BUT DE RÉDUIRE D'UNE FAÇON
SIGNIFICATIVE LES PROBLÈMES DE SANTÉ ET LES PROBLÈMES
SOCIAUX AU SEIN DE NOTRE SOCIÉTÉ. CES OBJECTIFS FORMENT
LE NOYAU DE LA POLITIQUE DE LA SANTÉ ET DU BIEN-ÊTRE D'ICI
À L'AN 2002.

Les difficultés d'adaptation liées à l'abandon de nos valeurs
traditionnelles expliquent la hausse prépondérante des
problèmes sociaux chez les jeunes : agressions, négligence,
violence, délinquance et toxicomanie. Dans cet ordre
d'idées, les six premiers objectifs de cette politique sont rat-
tachés à l'adaptation sociale, principalement des jeunes.
Des interventions sont suggérées pour atteindre chaque
objectif. Elles n'apportent pas, cependant, de solutions aux
vraies causes des problèmes de notre jeunesse.

D'autres intervenants, par contre, commencent à exprimer
les racines profondes du drame de notre société moderne.
Le démographe Jacques Henripin a récemment fait allu-
sion à ce mal qui nous ronge : « Au Québec, on est plus
laxiste qu'ailleurs. On n'a pas d'épine dorsale morale. On
n'a rien de très solide pour remplacer ce [les valeurs] qu'on
a jeté par-dessus bord [1]. »

---

1. Richer, A. « Anne Richer rencontre Jacques Henripin ». *La Presse,*
16 août 1993.

Quant à Jacques Grand'Maison, il décèle dans sa recherche-action auprès des adolescents «leur situation dramatique jusque dans ses profondeurs humaines, morales et spirituelles[2]».

Pour Soljénitsyne, notre société moderne est devenue aveugle: «L'Occident, qui ne possède pas de censure, opère pourtant une sélection pointilleuse en séparant les idées à la mode de celles qui ne le sont pas... Bien que ces dernières ne tombent sous le coup d'aucune interdiction, elles ne peuvent s'exprimer vraiment ni dans la presse périodique, ni par le livre, ni par l'enseignement universitaire. L'esprit de vos chercheurs est bien libre, juridiquement, mais il est investi de tous côtés par la mode. C'est ainsi que les préjugés s'enracinent dans les masses, c'est ainsi qu'un pays devient aveugle, infirmité si dangereuse en notre siècle dynamique [3].»

Un jeune, Alexandre Morin, sonne toutefois l'alarme et nous dit: «Arrêtez d'imposer le pessimisme.» Il a 18 ans et veut bâtir un pays où les valeurs familiales seront importantes et où la culture québécoise fera briller sa splendeur à travers la planète. Mais il rencontre plusieurs de ses copains qui décrochent et fuient au loin à la recherche du bonheur, ce qui le décourage. Il blâme alors les médias de «nous bombarder constamment de mauvaises nouvelles», ainsi que les économistes et leurs grandes prédictions alarmistes.

Il nous explique que les jeunes ont besoin d'un projet de société, d'un rêve commun, d'un chemin qui mène à la conquête de nouveaux horizons... Il nous supplie de ne pas détruire les racines du Québec de demain [4].

2. Grand'Maison, J. Le drame spirituel des adolescents. Fides, 1992.

3. Soljénitsyne, A. Le déclin du courage. Seuil, 1978.

4. Morin, A. «Arrêtez d'imposer le pessimisme». La Presse, 18 juillet 1993.

Et soudain, au milieu de tout ce questionnement, une lumière brille à l'horizon. Le Pèlerin de l'espoir, Jean-Paul II, est venu rencontrer 300 000 jeunes à Denver et les a entretenus de la vie : « Si tu veux la justice, la vraie liberté et la paix, Amérique, protège la vie. »

Il leur déclare que, en cette période de confusion quant aux vérités et aux valeurs fondamentales nécessaires pour donner un sens à notre vie, l'Église a besoin de jeunes gens engagés pour promouvoir une culture de vie, au lieu d'une culture de mort. Il les responsabilise en leur disant de sa voix de bronze : « Les jeunes ont compris que l'amour est plus fort que la mort, que la vérité est plus puissante que le mensonge. Le monde attend de vous, jeunes, la spiritualité vitale et la fraîcheur de l'Évangile. »

Un tonnerre d'applaudissements retentit à ses appels à la solidarité, à la vraie liberté et à une conscience droite. On réalise alors que les applaudissements de cette marée de jeunes ne sont pas uniquement des encouragements, mais plutôt l'expression d'une attente renouvelée de vraies raisons de vivre.

Les jeunes ont découvert à Denver un pape avec un cœur pétri d'amour et de feu, prêt à s'épuiser pour répondre à leurs attentes et les émerveiller : « Lui seul [Jésus] nous conduira vers la pleine vérité sur la vie. » À l'aube du XXIe siècle, allons-nous avoir l'audace de suivre les jeunes dans leur quête de la vérité et dans leur combat contre la violence ?

Génération X

Plus de vérité de cœur usé
Nous ne voulons plus
De vos injures
Vous crachez sur nos yeux
Pour nous les ouvrir

Votre vérité
N'est pas la véritable
Elle est juste bonne
Pour nourrir
Les statistiques de malheur
Celles qui nous étiquettent
Société kamikaze
Pour sa propre jeunesse

Laissez-nous
Juste un peu de laine
Sur nos yeux
Elle pourrait s'avérer
Plutôt ressembler
À des fils d'or
Qu'à des toiles d'araignée

Vous voulez tout dire
Marchands de désillusion
Vous êtes pires que tous les autres
Pour éviter de nous brûler
Les ailes
Vous n'hésiteriez pas à nous les couper
En consommateur averti
Je vous fuis
À la quête de rabais
Qui me coûteront moins cher

Notre cœur jeune
Ne veut pas vieillir tout de suite
Laissez-le voler
Au-delà de nos sentiers battus
Sa piste
Qu'elle soit unique en son genre
Hésitante et fragile
Et surtout n'essayez pas
De la rendre «droite»
Comme vous dites
Pour effacer VOS détours
Dissiper VOTRE détresse
Nous avons notre propre passion
À vivre

Moi je vous le dis
Je ne porterai pas vos armures
Je veux pour tout bouclier
Au cœur
Et pour seule violence
Son amour

Patricia Ayoub
Mars 1998

La jeunesse en santé

«FAVORISER LA FORMATION ET L'ÉDUCATION DES JEUNES POUR AMÉLIORER LEURS CHANCES DE SE TAILLER UNE PLACE SUR LE MARCHÉ DU TRAVAIL», TELLE EST, APRÈS LA CRÉATION D'EMPLOIS, LA DEUXIÈME PRIORITÉ DU NOUVEAU PREMIER MINISTRE JOHNSON.

Cela vient renforcer les objectifs retenus pour les jeunes dans le cadre de la politique de la santé et du bien-être, à savoir: réduire les troubles de comportement les plus graves et diminuer la prévalence et la gravité de la délinquance. Or, pour atteindre ces objectifs, l'école et la famille ont un rôle primordial à jouer. Cependant, à cause de la désorganisation de notre société, les jeunes ont de la difficulté à trouver l'appui de ces deux piliers nécessaires à leur épanouissement.

C'est ainsi que la moitié des élèves décrochent, abandonnent leurs études, et que la violence et la drogue s'installent dans nos écoles. Les adolescents sont à la recherche de parents et de professeurs qui les aident et les comprennent. Ils sont prêts à travailler dur pourvu qu'ils soient motivés et qu'ils aient des raisons d'espérer obtenir un emploi à la sortie de l'école. Ils dénoncent la pression de l'excellence demandée constamment par les adultes.

L'éclatement de nos valeurs traditionnelles et principalement la perte du sens des responsabilités les désorientent et créent un vide qui favorise la morosité, la tristesse et la mélancolie. Le «blues de Virginie» en témoigne: «Il s'approche et me guette comme un chat à l'affût. Et si je montre un signe de faiblesse, il se jette sur moi. Imposant et lourd, il prend place dans mon corps et ne me quitte pas. Commence un combat terrible. J'ai beau me défendre, il me grignote peu à peu, me dévore jusqu'à la moelle, me vide de toute joie, de toute sève. Ça peut durer longtemps. Jusqu'à ce que quelqu'un me tende la main et me ramène à la surface[1]...»

Dans son dernier livre, Gaston Chalifoux décrit à ce sujet les réalités et défis du décrochage. Quand il arrive aux solutions, il en retient une seule: «Au tout début de ma carrière d'enseignant, j'ai demandé à une très grande pédagogue quel conseil elle pouvait me donner. Je me souviendrai toujours, elle m'a regardé comme elle seule pouvait le faire, et m'avait répondu: ‹Mon petit, aimez-les, c'est tout[2]...›»

Il y a quelques mois, un jeune de 18 ans, Alexandre Morin, avait justement lancé un cri d'alarme: «Arrêtez d'imposer le pessimisme[3].» Il nous demande d'ouvrir toutes grandes les portes d'un idéal commun, d'un chemin qui nous mène à la réussite... Plusieurs avenues sont possibles. Ne faut-il pas, par exemple, cesser de marginaliser les jeunes et leur laisser la place qui leur revient en assouplissant les droits acquis de ceux qui en ont le plus[4]?

D'autre part, selon l'abbé Pierre, le drame le plus important de notre société est justement une jeunesse sans projet, et il a lancé aux jeunes ce message: «Partez missionnaires

---

1. Dubois, V. «Les blues». *Panorama,* novembre 1993, p. 76.
2. Chalifoux, G. *L'école à recréer.* Saint-Martin, Montréal, 1993.
3. Morin, A. «Arrêtez d'imposer le pessimisme». *La Presse,* 18 juillet 1993.
4. Bouchet, P. «Partage des droits acquis». *La Croix – L'Événement,* 30 décembre 1993.

goûter au service de l'autre, à l'abandon de soi. Sortez de vos frontières.» Dans ce sens, il y a des signes d'espoir, car on remarque de plus en plus qu'après la décennie du *me, myself and I* le bénévolat est florissant parmi les jeunes, comme le décrit une étudiante de cégep, Stéphanie Kennan[5].

Dans ces voies d'avenir pour notre jeunesse, y a-t-il une place pour la foi? À ce sujet, Jacques Grand'Maison dit: «La foi de demain sera libre et responsable ou elle ne sera pas... Nous vivons dans un monde qui est confronté à des défis graves. On ne peut plus se contenter de recettes et rester à la surface des choses. Il s'agit plutôt de puiser dans notre héritage nos meilleures valeurs de courage, de persévérance et d'espérance. Afin de faire vraiment nôtres les valeurs de la modernité; l'autonomie, la liberté féconde, la responsabilité personnelle. Nous vivons des temps difficiles, mais cela peut amener les gens à aller chercher ce qu'il y a de plus profond en eux pour aller résolument vers l'avenir. C'est au-dedans de ce mouvement que le christianisme actuel doit se situer. Car au fond, la carte que Dieu joue depuis le commencement et qu'il continue à jouer, c'est la carte de l'humanité[6].»

---

5. Kennan, S. «Les jeunes trouvent même du temps pour le bénévolat». *La Presse,* 16 janvier 1994.

6. Grand'Maison, J. «Pour rester vivante, une religion doit passer par la vie». *Revue Notre-Dame,* janvier 1994.

10 avril 1994

À la santé de la famille!

DANS LE CADRE DE L'ANNÉE INTERNATIONALE DE LA FAMILLE, UNE INITIATIVE PRISE PAR L'ONU, PLUSIEURS REVUES, JOURNAUX ET ASSOCIATIONS ONT DÉCIDÉ DE PUBLIER RÉGULIÈREMENT UNE CHRONIQUE À CE SUJET, TOUT AU LONG DE L'ANNÉE 1994, DANS LE BUT DE NOUS SENSIBILISER AUX FORCES ET AUX FAIBLESSES MODERNES DE LA COLONNE VERTÉBRALE DE NOTRE CIVILISATION ET MÊME DE NOTRE SANTÉ: LA FAMILLE.

Mais quel est le lien qui existe entre la santé et la famille? Dans sa politique de la santé et du bien-être, le gouvernement du Québec a décidé de réduire les problèmes reliés à la santé d'ici l'an 2002 et a retenu 19 objectifs précis à la suite d'une analyse approfondie des problèmes sociaux et de santé de la population québécoise[1]. Or, il s'avère que sept de ces objectifs sont reliés entre autres facteurs et à différents degrés à l'éclatement du noyau familial. Il s'agit des cas d'agressions sexuelles, de violence et de négligence à l'égard des enfants, des troubles de comportement chez les enfants et les adolescents, de la délinquance, de l'itinérance, de la consommation d'alcool et de drogues, de certains problèmes de santé mentale et du suicide.

À ce sujet, Annie, une jeune de 19 ans, me raconte les drames successifs par lesquels elle est passée depuis que son père a abandonné la maison familiale. Elle n'était alors

---

1. Gouvernement du Québec – MSSS. *La politique de la santé et du bien-être*. Québec, 1992.

âgée que de 10 ans et la benjamine de la famille. Sa mère qui s'occupait d'elle et de ses deux autres sœurs dut rapidement trouver un emploi pour subvenir à leurs besoins. Annie m'avoue qu'aller à l'école en l'absence d'amour familial n'est pas intéressant. Souvent, elle manquait ses cours, et cela se soldait par des échecs aux examens. Entre-temps, sa sœur aînée s'associa à un groupe de jeunes délinquants qui perturbèrent le peu d'harmonie qui restait en famille. À l'âge de 15 ans, Annie tomba enceinte et ce fut le grand dilemme : avorter ou garder ce petit être qui se formait en elle. Subitement, elle décida d'aller à contre-courant et de le garder, convaincue qu'il serait source de joie. Elle ne se trompait pas. Ce petit bambin ressouda le noyau de vie pour cette famille qui se regroupait et se retrouvait autour de cet enfant. Annie a repris ses études et est présentement à l'université.

De même, les textes écrits par de jeunes Québécois et publiés dans la page réservée à la jeunesse dans *La Presse* sont éloquents. Sous la rubrique « La famille : amie ou ennemie », Annie Roy et Marie-Ève Lapointe nous disent : « Comment le jeune adulte peut-il s'épanouir lorsqu'il est en présence de sa mère et qu'il n'entend que des méchancetés sur son père et vice-versa ? De plus, les enfants sont parfois victimes de la frustration des parents et subissent de la violence physique ou mentale... La base de toute bonne communication en famille, c'est la confiance réciproque[2]... » Karen Doyon et Virginie Beaupré nous disent aussi : « Souvent, lorsque les jeunes ont vécu une pénurie d'amour de la part de leur famille, il est difficile pour eux d'aimer[3]. »

---

2. Roy, A., Lapointe, M.-È. « La famille : amie ou ennemie ». *La Presse*, 6 mars 1994.

3. Doyon, K., Beaupré, V. « Plus jamais la même personne ». *La Presse*, 6 mars 1994.

La famille doit donc être le fondement de ce que Jean-Paul II nomme «la civilisation de l'amour». Il affirme que le grand et merveilleux paradoxe de l'existence humaine, c'est que nous sommes appelés à servir la vérité dans l'amour qui nous amène à nous réaliser par le don désintéressé de nous-mêmes. «Aimer signifie donner et recevoir ce qu'on ne peut ni acquérir ni vendre, mais seulement accorder librement et mutuellement[4].» C'est en effet dans la famille que nous commençons notre grande aventure de la vie. Le pape s'insurge donc contre l'éclatement de la famille: «Elle reste une institution sociale qu'on ne peut pas et qu'on ne doit pas remplacer car elle est le sanctuaire de la vie.» Dans ce contexte, qu'attend de la société la famille comme institution? La réponse est dans la Charte des droits de la famille qui presse les gouvernements et les organisations internationales de mettre en pratique une véritable politique familiale axée entre autres sur le droit des parents à la procréation et à l'éducation de leurs enfants, le droit au travail et le droit à un logement décent[5].

Alors, pourquoi ne pas nous laisser gagner au cours de cette Année internationale de la famille par l'esprit de fraternité et d'amour là où nous sommes: dans nos foyers, à l'école, dans nos entreprises et hôpitaux? Nous aurons contribué ainsi à ce que l'humanité devienne une famille en santé.

---

4. Jean-Paul II. *Lettres aux familles*. Mame-Plon, Paris, 1994.

5. Le Saint-Siège. *Charte des droits de la famille*. Paulines, Montréal, 1983.

23 avril 1995

La violence des ados

LE MEURTRE DU PASTEUR TOOPE ET DE SA FEMME JOCELYNE, SURVENU À BEACONSFIELD IL Y A TROIS SEMAINES, QUAND TROIS ADOLESCENTS LES ONT BATTUS À MORT À COUPS DE BÂTONS DE BASE-BALL, RELANCE LE PROBLÈME DE LA VIOLENCE CHEZ LES ADOS.

Selon les données du Centre canadien de la statistique juridique, le nombre de jeunes qui ont fait face à des accusations de meurtre au cours des 20 dernières années n'a pas beaucoup changé et se maintient à environ 8 % des homicides commis annuellement. C'est ainsi que, en 1993, 35 ados âgés de 12 à 17 ans ont été accusés de meurtre, pas plus que dans les années 1960. Ce qui a changé par contre et qui choque, c'est le degré de sauvagerie des meurtres perpétrés et l'absence de remords ainsi que l'indifférence des jeunes accusés. Il semble qu'ils sont déconnectés de la réalité, se comportant comme des acteurs d'un film de violence...

Une question se pose chaque fois que notre société est confrontée à un tel drame, à savoir : y aura-t-il un moyen de prévenir le crime adolescent et d'établir des tableaux de prédiction ? Le docteur Bernard Zeiller, psychiatre et chargé de recherche à l'Institut national de la santé et de la recherche médicale (INSERM) en France s'est penché là-dessus dès 1986 et a établi à cet effet un protocole de recherche entre le ministère de la Justice et les chercheurs de l'INSERM.

Après 5 années de travail et 106 cas recensés, l'étude n'a pas pour autant débouché sur un portrait-robot : « On voudrait trouver quelque chose de commun à tous ces adolescents. Justice et médecine vont remonter à la génération précédente à la recherche d'une belle histoire linéaire. Ce que l'on trouve ressemble souvent à un puzzle dont on aurait enlevé dix morceaux. Il faut oser dire que, parfois, on ne sait pas », dit le docteur Zeiller. Toutefois, chez 16 jeunes criminels qui ont accepté de raconter leurs histoires, apparaissent quelques indicateurs persistants : le manque d'amour, l'absence du père et la présence de la mère « ailleurs ».

Quand on présente à de tels jeunes détenus divers tests psychologiques, ils bloquent et s'expliquent : « À la maison on ne parlait pas, chacun de son côté, c'était le vide. » Le mot « vide », pour désigner la vie de famille, apparaît aussi souvent que celui de « solitude »[1].

Chez nous, Richard Tremblay, professeur à l'École de psychoéducation de l'Université de Montréal, s'est lui aussi penché sur le problème de la délinquance chez les garçons. Il a ainsi dirigé depuis 1984 une étude échelonnée sur 10 ans et menée par un groupe de chercheurs des universités McGill et de Montréal. L'enquête a étudié les cas de plus de 1000 écoliers répartis dans une cinquantaine d'écoles maternelles de langue française de la CECM situées dans des quartiers défavorisés de Montréal.

Ce psycho-éducateur juge que vouloir régler la délinquance à la puberté, c'est s'attaquer au problème trop tard. « On n'apprend pas à un enfant à être violent, indique Richard Tremblay. C'est une réponse naturelle à une pulsion, et l'éducation est là pour socialiser cette pulsion. »

---

1. Conil, D. « À la recherche du ‹ moi criminel › ». *L'Événement du jeudi,* n° 544, 6 avril 1995.

Trois traits de caractère ont été décelés au cours de l'enquête et permettent de tracer un profil du délinquant en puissance : le garçon démontre un faible niveau d'anxiété, il se révèle peu soucieux d'aider les autres et se montre agressif. Alliés à ces trois facteurs, une famille dysfonctionnelle, des parents qui ont des antécédents de criminalité, une supervision parentale tantôt permissive et tantôt rigide sont autant de contextes qui peuvent amener la délinquance et susciter la violence chez le garçon.

Au cours de l'enquête, le groupe de recherche a voulu réagir sur le terrain en mettant en place un programme d'intervention auprès des enfants présentant des problèmes de comportement et en obtenant la collaboration des parents et amis. Un suivi auprès des parents a amené ceux-ci à adopter des comportements plus adéquats.

Par ailleurs, les garçons ont été intégrés à des groupes d'enfants aux habiletés sociales marquées, pour leur apprendre à adopter des valeurs positives telles que le partage et l'esprit de fraternité. L'étude a révélé qu'une telle intervention précoce permet de diminuer la délinquance de moitié. Richard Tremblay estime que cette expérience reflète bien les désavantages des classes spéciales : « Mettre ensemble des enfants à problèmes correspond à les marginaliser. C'est créer une prison très tôt[2]. »

Interrogé au sujet du drame présent, le docteur Louis Morissette, psychiatre à l'Institut Pinel, précise : « Le problème actuel, c'est que nous avons des enfants bien plus vulnérables qu'auparavant. Je vois ainsi beaucoup plus d'adolescents avec des troubles quasiment de personnalité limite. Plusieurs de ces ados ont été profondément blessés au cours de leur enfance et veulent maintenant se venger.

---

2. Boucher, M.-J. « Une intervention en bas âge permet de réduire la délinquance de moitié ». *Forum*, 5 décembre 1994.

Ils prennent ainsi le goût d'infliger la souffrance à autrui... Les adultes ont aussi une part de responsabilité dans ce phénomène car ils ne s'engagent pas et sont moins motivés en ce qui concerne leur travail, leur mariage ou leur vie familiale... »

Dans ce contexte, le jeune comédien Patrick Huard, dans une récente interview qu'il accordait à Denise Bombardier, commentait en ces termes la génération des jeunes : « Nous sommes la génération sacrifiée à laquelle on n'a pas transmis grand-chose et qui vit au quotidien sans perspective... »

Il rejoint ainsi l'opinion émise par le psychologue Tony Anatrella : « Une société qui transmet mal le savoir, le savoir-faire, les codes et rites sociaux, le sens des fêtes et la spiritualité est en danger de mort... Des enfants et des ados ont trop souvent été renvoyés à eux-mêmes sans qu'ils parviennent à trouver de réels points de repère[3]... »

---

3. Anatrella, T. *Interminables adolescences*. Cerf, Paris, 1988.

Émerveiller la jeunesse

LA SOUS-MINISTRE ADJOINTE À LA SANTÉ PUBLIQUE DU MINIS-
TÈRE DE LA SANTÉ ET DES SERVICES SOCIAUX (MSSS), CHRISTINE
COLIN, PRÉSENTAIT IL Y A UN MOIS LES RÉSULTATS TIRÉS DE
L'ENQUÊTE SOCIALE ET DE SANTÉ LA PLUS IMPORTANTE RÉA-
LISÉE AU QUÉBEC.

Selon cette enquête menée auprès de 35 000 Québécois, le
suicide demeure un problème majeur, particulièrement
chez les jeunes.

Simultanément, une autre étude, celle du Conseil permanent de la jeunesse, rapportait qu'entre 1990 et 1993 le
taux de suicide chez les moins de 19 ans est de 28,6 par
100 000 jeunes, soit plus du double de ce qu'il était il y a
15 ans. De plus, au cours des 12 mois ayant précédé l'enquête du MSSS, 18 jeunes sur 1000 ont tenté de se suicider.
La détresse psychologique est étroitement liée au processus suicidaire. Elle a été détectée chez 35 % de ceux qui ont
fait un geste suicidaire. C'est dans cette catégorie aussi que
se retrouvent les plus grands consommateurs de drogues :
27 % chez les 15-24 ans contre 13 % chez l'ensemble des
Québécois de 15 ans et plus[1].

Quelles sont les causes de ce taux élevé de suicide chez les
adolescents ? Les études présentées il y a un an à Genève,
lors d'un symposium sur ce sujet, révèlent que le suicide

---

1. Lacroix, L. « Le suicide, un problème majeur ». *La Presse,* 19 septembre
   1995.

s'explique rarement par une cause directe. Tout au plus peut-on établir des corrélations dans une masse de données enchevêtrées: famille disloquée, absence de père, échec scolaire, chômage, chagrin d'amour, sentiment de l'absurde, dépression, solitude, isolement. Et, parfois, il n'y a rien de décelable[2].

Chez nous, par exemple, selon une étude de la Fondation canadienne de la jeunesse, un jeune Canadien sur cinq cherche un emploi. Le taux de chômage chez les jeunes âgés de 15 à 25 ans est d'ailleurs deux fois plus élevé que la moyenne nationale. Il n'y a pas de doute que les conditions financières précaires reliées au chômage et à l'endettement rendent les jeunes plus vulnérables à la détresse psychologique et contribuent, en présence d'autres facteurs de risque, au suicide.

Et qu'en est-il de cette pulsion incontrôlable chez les jeunes suicidaires mentionnée dans certaines études? Une mère-médecin éplorée par le suicide de son fils de 14 ans écrit à ce sujet: «Nos enfants ne se suicident pas dans un moment d'impulsivité sans réaliser le caractère irréversible de leurs actes. Un suicidaire n'est pas un impulsif. Il ressent un problème fondamental, il le vit. Il tente par tous les moyens qui sont à sa disposition de trouver une solution à son problème fondamental. Finalement, après mûre réflexion et tentatives de résolution du problème, il en arrive à conclure que le suicide est la seule option qui lui reste.»

Un adolescent rendu adulte et qui avait tenté de se suicider analyse la nature de ce problème fondamental en ces termes: «Ce problème est relié au fait que le jeune ne peut pas actualiser son idéal. Il est constamment confronté, dans son apprentissage de la vie, à des valeurs qui sont foncièrement étrangères à celles qu'il s'est données et de

---

2. Quéré, F. «Morts volontaires». *La Croix – L'Événement,* 8 octobre 1994.

celles qui lui sont programmées par son environnement tant familial que social. C'est cette confrontation qui pousse au suicide... Le suicide des adolescents est un problème social de valeur et de liberté [3]...»

Ce qui a sauvé néanmoins plusieurs des adultes d'aujourd'hui du suicide, c'est leur héritage spirituel: rendus au bord du gouffre de la détresse psychologique, ils se découvrent soudainement habités par une présence au creux même de leur solitude. Malheureusement, la plupart des jeunes ne possèdent pas ce repère si précieux... Ne sommes-nous pas, nous les adultes, frappés à ce sujet d'«autisme spirituel»? Nous ne décodons pas le message que ces jeunes nous envoient, à savoir qu'ils se sentent coupés de tous et que le manque de valeurs et de spiritualité de notre société les étouffe.

Ne pourrions-nous donc pas, dans un prodigieux émerveillement, les aider à réaliser qu'ils ne sont plus seuls au monde? «L'émerveillement, écrit Maurice Zundel, c'est précisément le moment où émerge en nous une nouvelle dimension, c'est le moment privilégié où nous sommes guéris pour un instant de nous-mêmes et jetés dans une présence que nous n'avons pas besoin de nommer, qui nous comble en même temps qu'elle nous délivre de nous-mêmes [4].»

---

3. Barrette, J.-P. «Le suicide: une maladie de la société et non de l'individu». *La Presse,* 26 février 1995.

4. Zundel, M. *Je est un autre.* Anne Sigier, Québec, 1986.

Drogues : le bonheur ne s'achète pas...

LES ATTENTATS MEURTRIERS RÉCEMMENT PERPÉTRÉS À MONTRÉAL ET RELIÉS À LA GUERRE SANGLANTE ENTRE BANDES RIVALES IMPLIQUÉES DANS LE TRAFIC DES STUPÉFIANTS SONNENT L'ALARME : LA TOXICOMANIE EST PLUS QUE JAMAIS LIÉE À LA VIOLENCE ET AUX PROBLÈMES D'ADAPTATION SOCIALE AUXQUELS NOTRE SOCIÉTÉ QUÉBÉCOISE SE TROUVE CONFRONTÉE.

D'après les estimations de Santé Québec, environ 20 % des gens auraient consommé des drogues au moins 5 fois durant leur vie. Depuis 1985, le nombre de consommateurs de cocaïne et de cannabis aurait plus que doublé. Les conséquences, trop souvent, sont fort coûteuses sur les plans humain, économique et social. La dépendance physique et psychologique, la dégradation de la qualité de vie, la pauvreté, la criminalité, l'itinérance, la prostitution, le chômage, la maladie, le sida, la violence conjugale, la négligence parentale et les agressions physiques, les suicides, les accidents routiers sont très fréquemment associés au phénomène de la drogue. De plus, la coexistence de plusieurs psychopathologies menace nombre de toxicomanes[1].

---

1. Gouvernement du Québec – MSSS, *La politique de la santé et du bien-être.* Québec, 1992.

Les consommateurs de drogues, dont le nombre est en hausse, commencent de plus en plus jeunes. Selon une enquête effectuée chez 741 élèves du secondaire en milieu rural, 60 % des élèves consomment de l'alcool ou de la drogue (31 % les deux). En général, ils commencent à prendre des drogues entre 12 et 15 ans.

Les deux principaux motifs de consommation exprimés par les jeunes dans cette étude sont : la tendance à la dépression et la difficulté à s'affirmer. La faible participation à des activités culturelles ou sportives apparaît aussi reliée à la gravité de la consommation. Finalement, du côté familial, la perception des conduites déviantes des parents par les adolescents (abus d'alcool et de drogues, irrespect des lois, revenus illicites et démêlés avec la justice), de même que la faible participation à l'éducation de leurs enfants se sont également avérées prédisposantes à une consommation plus élevée de drogues[2].

Selon le docteur Paul-André Marquis, cette évolution croissante des diverses toxicomanies est due au fait qu'il y a plus de gens malheureux qu'auparavant. « Or, la drogue, c'est le refuge privilégié des gens malheureux. Ce qu'on cherche d'abord dans la drogue, c'est le bonheur, même si on fait alors fausse route. Le bonheur n'est pas cependant quelque chose qui s'achète. C'est tous les jours qu'il faut l'inventer en vivant simplement[3]. »

Dans la recherche d'une solution à ce problème de société, plusieurs États européens ont préféré dépénaliser l'usage des drogues « douces » telles que le haschich et la marijuana. Il est vrai que ces substances ne perturbent pas

---

2. Debert, F., Lamontagne, Y. et Elie, R. « Alcool et drogues chez les élèves du secondaire en milieu rural ». *Le Médecin du Québec,* juin 1995.

3. Marquis, P. A. « Il faut dire les choses comme elles sont : La drogue est meurtrière ». *Revue Notre-Dame,* n° 7, juillet-août 1993.

gravement le système nerveux central et ne produisent pas d'accoutumance.

Cependant, elles habituent les jeunes à chercher le plaisir et le bonheur en dehors d'eux-mêmes. Cela développe en eux le besoin d'en consommer pour être bien. L'abus les rendra malades et les fera sauter éventuellement plus haut dans les drogues «dures» telles que l'héroïne et les narcotiques. Un tiers d'entre eux fait ce pas dramatique qui a des conséquences physiques et psychologiques catastrophiques. C'est pour ces raisons que, chez nous, la Sûreté du Québec a utilisé initialement la politique de la «tolérance zéro» pour toutes les drogues. Présentement, il existe un questionnement quant à la pertinence de légaliser certaines drogues.

À ce sujet, les jeunes lycéens en France ont été invités, lors des journées annuelles du Comité national d'éthique, à donner leur opinion sur la drogue. À la surprise générale, ils rejetèrent toutes les atténuations. Pour eux, drogues douces et dures, c'est du pareil au même. Ils dénoncèrent l'hypocrisie de certains adultes qui trichent face au phénomène de la drogue et lancèrent pour finir ce message sans nuance: «Dépénalisez les drogues douces et nous périssons.»

Les deux problèmes cruciaux dans toute stratégie de lutte contre la toxicomanie sont la prévention et l'information. Ainsi, l'enquête menée auprès des jeunes suggère que, compte tenu que la majorité des élèves commencent à consommer avant 14 ans, il importe que les campagnes d'information et d'éducation soient déjà entreprises au primaire et continuent au secondaire afin de s'assurer de meilleurs résultats à long terme. Il importe aussi de sensibiliser les parents et de les inciter à transmettre des valeurs morales et sociales sur un mode relationnel favorisant l'identification plutôt que la coercition, et de les conscientiser sur l'importance du dialogue et de la qualité des activités familiales[4].

Pour Peter Vamos, cet humaniste qui consacre sa vie à donner une âme à un centre d'aide à long terme pour les toxicomanes, Le Portage, «on ne doit pas enseigner aux gens quoi penser, mais comment penser. On n'a pas à leur dicter ce qui est bon ou mauvais pour eux. C'est sans doute plus facile d'imposer ses valeurs. Mais les gens doivent les découvrir en eux... Ne parlez pas, écoutez plutôt[5]...»

Quant à Guy Gilbert, prêtre-éducateur qui aide les loubards dans la région parisienne, il affirme: «Aider les jeunes à s'organiser, à mettre en marche des projets d'action professionnelle, sera la meilleure drogue de l'espérance à leur offrir[6].»

---

4. Quéré, F. «Les lycéens ce jour-là». *La Croix – L'Événement,* 6 janvier 1995.

5. Richer, A. «Anne Richer rencontre Peter Vamos», *La Presse,* 27 juillet 1992.

6. Gilbert, G. *Dieu mon premier amour.* Stock, Paris, 1995.

Dialoguer pour prévenir la toxicomanie

RÉCEMMENT, LE COMITÉ PERMANENT DE LUTTE CONTRE LA TOXICOMANIE PRÉSENTAIT SON RAPPORT AU MINISTÈRE DE LA SANTÉ ET DES SERVICES SOCIAUX, APRÈS UNE CONSULTATION GLOBALE AUPRÈS DES INTERVENANTS EN TOXICOMANIE.

Ce rapport révèle que la consommation de drogues est en hausse chez les jeunes âgés de 15 à 24 ans, pour atteindre, par exemple, 36 % des jeunes de la rue dans l'île de Montréal. Louise Nadeau, présidente de ce comité, affirme « qu'avec la drogue viennent des problèmes complexes comme la violence, le décrochage scolaire, les infections à l'hépatite B, C et à VIH, la détresse psychologique et le suicide... »

Plusieurs autres études effectuées au Canada, aux États-Unis et en France démontrent cette même tendance. C'est l'usage du cannabis qui est particulièrement en hausse chez les ados. Dans ce contexte, le gouvernement français a commandé l'an dernier à l'Académie des sciences un rapport scientifique intitulé *Aspects moléculaires, cellulaires et physiologiques des effets du cannabis*. Ce rapport vient d'être rendu public par le Secrétariat d'État à la recherche française. Il révèle que « l'usage de la marijuana entraîne toute une série d'effets toxiques », notamment sur le plan neurologique, tels que des altérations de la mémoire. Basé sur ces résultats, le secrétaire d'État à la recherche française affirme la nécessité d'appliquer le «principe de précaution» qui va à l'encontre d'une dépénalisation du cannabis [1].

Aux États-Unis, par contre, certains États, tels que la Californie, ont légalisé l'usage du cannabis à des fins médicales et sur recommandation d'un médecin, «dans le traitement du cancer, de l'anorexie, du sida, des douleurs chroniques, du glaucome et de toute autre maladie que la marijuana est susceptible de soulager».

Il n'en reste pas moins que le débat est loin d'être terminé, surtout que certains chercheurs californiens ont décelé chez des fumeurs habituels de marijuana «une excrétion de marqueurs génétiques indicateurs d'une évolution précancéreuse. En effet, avec une seule cigarette de marijuana, on inhale quatre fois plus de goudron qu'avec une cigarette ordinaire [2].»

De plus, dans une enquête effectuée récemment par *Québec-Science,* on affirmait que «les médecins d'ici sont pour le moins sceptiques [3]» quant à l'utilisation du cannabis pour des raisons thérapeutiques. En effet, nous avons de bien meilleures solutions que l'usage du *pot* dans les conditions médicales citées.

Dans ses recommandations, le Comité permanent de lutte contre la toxicomanie favorise la multiplication des programmes de prévention des méfaits comme la distribution des seringues et de méthadone sur ordonnance pour les héroïnomanes. Par ailleurs, le meilleur moyen de prévenir

---

1. Verdier, M. «Le cannabis sous l'œil des scientifiques». *La Croix,* 3 avril 1997.

2. Mulard, C. «Pétards sur ordonnance». *Le Monde* (repris dans *Le Devoir*), 9 janvier 1997.

3. Turenne, M. «Soigner au ‹pot› : le pour, le contre». *Québec-Science,* avril 1997.

la toxicomanie, c'est en «rejoignant l'humain». Les jeunes se sentent isolés et ont besoin de donner un sens à leur vie : «C'est ce mal de l'âme que tâchent de contrer les programmes de prévention de la toxicomanie chez les jeunes[4].»

Les jeunes en détresse ont besoin d'être écoutés, comme le confirme ce dialogue entre une jeune toxicomane et une intervenante : «J'ai cherché la justice dans ce monde qui m'entoure, mais je ne l'ai pas trouvée. J'ai cherché l'amour dans les gestes et les regards des personnes avec lesquelles je vis, mais je ne l'ai pas trouvé. Je suis désespérée, angoissée, dégoûtée, révoltée. Alors, je me drogue pour oublier ce monde et tout le reste. Que puis-je faire d'autre?» «Il y a un endroit où tu n'as pas cherché et où tu trouveras certainement ce à quoi tu aspires. Cherche en toi, dans ton cœur, dans ton âme. Et puis retrousse tes manches et mets-toi à la besogne. Par une ouverture aux autres et à la vie, tu découvriras ce qui te semble inexistant. La justice, la vérité, l'amour, c'est toi qui les feras exister par ta manière de vivre. Le monde a besoin de tes bras, de ta vie, de ton cœur. Construis-le[5]...»

4. Thibaudeau, C. «Rejoindre l'humain pour prévenir la toxicomanie». *La Presse,* 17 novembre 1996.
5. Chevrier, M.-N. «Dialogue avec une jeune toxicomane». *La Croix,* 12 septembre 1996.

9 février 1997

Les jeunes
ont soif d'amour

RÉCEMMENT LE QUÉBEC ÉTAIT BOULEVERSÉ D'APPRENDRE QUE QUATRE ADOLESCENTS S'ÉTAIENT SUICIDÉS DANS UN INTERVALLE DE SEPT SEMAINES À L'ÉCOLE SECONDAIRE LA FRONTALIÈRE DE COATICOOK, EN ESTRIE.

Quelques jours plus tard, les données du Bureau du coroner et de Statistique Canada confirmaient que le suicide atteint des niveaux sans précédent au Québec, ayant dépassé les 1400 en 1996. Cette montée effarante se poursuit déjà depuis plusieurs années avec une augmentation de 28 % depuis 1991, la plus forte progression de tout le Canada, qui a enregistré une hausse de 10 % pendant la même période[1].

Dans l'analyse de ces statistiques, les deux groupes qui retiennent particulièrement l'attention sont, d'une part, les plus jeunes des *baby-boomers* (de 30 à 34 ans) et, d'autre part, les adolescents.

Quant aux raisons motivant la série de suicides d'élèves de Coaticook, elles ne sont pas claires. Les familles et les amis ne retrouvent dans la description des faits que la pointe de l'iceberg qui a déclenché l'acte suicidaire: une bagarre apparemment anodine entre deux frères, une rupture

---

1. Berger, F. «Le suicide fait des ravages chez les *baby-boomers*». *La Presse,* 18 janvier 1997.

entre deux jeunes amoureux, et des menaces proférées envers l'une des victimes par une bande de jeunes qui s'adonnent à la drogue. Pour y voir plus clair, les autorités ont nommé deux enquêteurs, dont le psychiatre Pierre Gagné, pour procéder aux « autopsies psychologiques » des quatre adolescents et développer ensuite des stratégies préventives.

Or, au cours des dernières années, plusieurs experts ont tenté d'expliquer ce mal de vivre chez les jeunes. Selon Francine Gratton, « le suicide des ados est un geste sensé, un suicide d'être, empreint d'un sens qui tient du rapport complexe entre deux réalités de leur vie : leurs valeurs, qu'elles soient personnelles ou empruntées, et leurs ressources, qu'elles soient abondantes ou limitées. Cette incapacité à établir la jonction entre valeurs et ressources se présente de façons variées chez les jeunes victimes[2]. » Pour le psychanalyste Tony Anatrella, « le geste suicidaire est significatif de ce qui se passe dans la société. Quand parfois la mort préside à la naissance et quand certains désirent que l'euthanasie interrompe une histoire sacrée, comment la personne humaine et la vie peuvent-elles encore représenter des valeurs suprêmes ? Le jeune est tellement renvoyé à lui-même, dans son isolement subjectif, sans le soutien d'une société cohérente, qu'il finit par se perdre[3]. »

Au-delà de ces considérations, y a-t-il lieu d'espérer freiner cette envie de mourir chez les jeunes ? Oui, car il y a des équipes qui se forment un peu partout au Québec, telles que Suicide Action Montréal qui s'attelle à écouter les jeunes qui évoquent leur envie d'en finir. Elle le fait

---

2. Gratton, F. *Les « suicides d'être » de jeunes Québécois.* Presses de l'Université du Québec, 1996.

3. Anatrella, T. « Il est difficile de parler du suicide des jeunes ». *La Croix,* 31 janvier 1997.

24 heures par jour, 7 jours par semaine, pour convaincre les ados que la vie vaut la peine d'être vécue. Justement, le père d'une des victimes de Coaticook réalise ses lacunes et conseille aux parents aux prises avec des difficultés de communication avec leur adolescent de prendre le temps de s'asseoir auprès de lui, d'essayer de le faire parler et d'écouter sa complainte même si cela nécessite des heures d'attente... Cela permettra à la fille ou au fils de mettre des mots sur son angoisse et de se sentir moins isolé. Il est aussi à conseiller lors des bagarres entre ados que les parents interviennent discrètement pour les sensibiliser au pardon, à la réconciliation, et prévenir ainsi la dégradation en une violence mortelle.

Finalement, ne faudrait-il pas rappeler aux jeunes, qui désirent tellement donner un sens à leur vie, les points de repère et les valeurs qui ont permis à notre génération d'aller de l'avant? Doit-on se gêner pour leur apprendre aussi que, même dans les moments les plus pénibles, où l'on ne se sent pas assez aimé, il y a toujours la présence de «Celui qui Est» et qui nous aime?

Deux bouts de bois

Âme marquée
Âme meurtrie
Cœur brûlé
Yeux rouges
Maquillés
D'un sourire
Social
Bonjour
Oui ça va
Ça va très bien
Merci
Personne
Pour voir
L'obscurité
Profonde
Étouffante
Qui arrache
Les mots
Même
De la gorge
Sanglots
Parlent
Dévoilent
Tout
À personne
La douleur
Se crie
Seul
Personne
Pense-t-on
Pourtant
Ces deux bouts de bois
Accrochés
À la tête
Du lit

Depuis
Une si tendre
Enfance
Sauraient-ils
Oublier
Le prix
De ces yeux
Gonflés
Blessés
Du même
Manque
Qui les a
Brisés
Aussi

Lorsqu'un
Rayon
De soleil
A pu
Enfin
Se faufiler
Dans
La fêlure
Du mur
C'est de
Ce bois
Qu'il est né
Câlin espoir
Douce joie
Tu m'as
Remis
Sur le cœur
Le bois
De la Croix

Patricia Ayoub
Septembre 1989
C'était le 4 juillet 1989

La jeunesse nous surprend

AU COURS DES DERNIÈRES ANNÉES, NOUS AVONS RÉALISÉ QUE LES PROBLÈMES SOCIAUX ET DE SANTÉ DES JEUNES N'ONT FAIT QUE S'AGGRAVER.

C'est ainsi que la consommation d'alcool et de drogues est en hausse, atteignant par exemple plus du tiers des jeunes de la rue dans l'île de Montréal.

Les analystes s'accordent pour dire qu'avec la toxicomanie s'installent des situations complexes comme le décrochage scolaire, les infections à l'hépatite B, C et à VIH, les troubles de comportement et le suicide.

Le ministère de la Santé et des Services sociaux essaie, à travers sa politique de la santé et du bien-être, d'atténuer les conséquences de ces problèmes, sans toutefois obtenir les résultats escomptés.

Faut-il pour autant baisser les bras ou s'insurger contre une jeunesse rebelle à nos déférences et qui souvent dénonce notre cadre protecteur? Stan Rougier, éducateur et chroniqueur, nous dit à ce propos «que les jeunes mettent le doigt sur les plaies les plus flagrantes de notre condition: pauvreté de la communication, avarice du cœur, pollution de la nature, manque d'amour... Ils sont à l'affût de tout ce qui pourrait répondre à la question fondamentale: Pourquoi la vie? A-t-elle un sens?[1]»

---

1. Rougier, S. «Les jeunes à l'affût du sens». *La Croix,* 3 juillet 1997.

Ce désir intense de donner un sens à la vie a été fortement ressenti parmi les jeunes au cours des Journées mondiales de la jeunesse récemment tenues à Paris. Au préalable, le journal *La Croix* avait mené une grande enquête : «Générations futures», auprès des jeunes de toute l'Europe, en vue de mieux les connaître et de leur donner la parole. Oui, ils éprouvent des difficultés : études, chômage... Oui, leurs goûts et leur façon de vivre nous déroutent, mais ils partagent des valeurs et sont capables d'engagement. Les résultats de l'enquête révèlent entre autres que les jeunes «trouvent leur unité dans l'infinie difficulté à s'insérer dans le monde du travail. Pessimistes en général, mais profondément heureux en particulier, ils doutent de changer le monde... À nos modèles politiques, ils préfèrent les actions de solidarité et de proximité dans lesquelles ils peuvent trouver épanouissement et plaisir[2].»

Et quand Jean-Paul II, arrivé à Paris le 21 août, va à la rencontre de centaines de milliers de jeunes venus de 16 pays et massés devant la tour Eiffel, il leur insuffle à travers ses paroles toute cette confiance dont ils manquent terriblement : « Vous êtes l'espérance du monde, vous qui aspirez à une vie toujours plus belle, fondée sur les valeurs morales et spirituelles qui rendent libres... » Il n'hésite par à leur dire de «prendre des responsabilités» dans une société sans vrais repères et les incite à s'engager : «Dans les domaines sociaux, scientifiques et techniques, l'humanité a besoin de vous.»

L'accueil inouï et «tout simplement extraordinaire» que les jeunes ont réservé à Jean-Paul II et offert au monde entier nous révèle un visage nouveau de la jeunesse contemporaine. Franz-Olivier Giesbert, du *Figaro,* ne se gêne pas pour le clamer dans son éditorial : «En célébrant l'amour

---

2. Quinio, D. «Le contrat de confiance». *La Croix,* 1er avril 1997.

du monde contre l'argent-roi, les jeunes font preuve d'un idéalisme qui peut paraître insensé. Ils disent non aux ploutocrates et aux faux prophètes de Mammon, du *new age* ou des bêteries plus ou moins dangereuses qui embrouillent les cerveaux juvéniles. On a envie de leur crier un grand merci[3]. »

Trois jours plus tard, Giesbert signe un autre éditorial, intitulé « Après la secousse », dans lequel il conclut : « On ne guide pas les jeunes avec des astuces et des cajoleries. Ils ont besoin de principes, de repères et de sens. Pour respirer, il leur faut du ciel ; pour vivre, du divin[4]. »

---

3. Giesbert, F.-O. « Inouï ». *Figaro,* 22 août 1997.
4. Giesbert, F.-O. « Après la secousse ». *Figaro,* 25 août 1997.

Vers une redécouverte de la sexualité humaine

TRENTE ANS APRÈS L'EXPLOSION DE LA PERMISSIVITÉ SEXUELLE, NOTRE SOCIÉTÉ RÉALISE QUE CETTE LIBÉRATION NE CONDUIT PAS NÉCESSAIREMENT AU BONHEUR.

Cela a été démontré dans une étude scientifique menée auprès de 20 000 Français âgés de 18 à 69 ans, et échelonnée sur 7 ans.

Le projet avait pour objectif d'analyser l'évolution des comportements sexuels des Français, principalement dans le contexte de l'épidémie de sida et de la révolution des mœurs de Mai 68. L'analyse statistique des résultats de cette enquête révèle que les hommes n'ont pas changé et sont à peine différents de ceux interrogés lors d'une précédente enquête menée en 1970 (le rapport Simon). Par contre, une certaine libération des mœurs a été observée chez les femmes qui, elles, sont passées en nombre de partenaires dans une vie de 1,8 à 3,2[1]. La vague de fond qui prédomine néanmoins, c'est que le couple reste le lien essentiel de la sexualité et que la fidélité est très valorisée.

De tels résultats ont probablement incité le *Nouvel Observateur* à titrer à la une : « Sexualité, la faillite du ‹ tout permis › ». L'écrivain Jean-Claude Guillebaud y est aussi pour

---

1. Le rapport Spira *et al. La sexualité en France au temps du sida.* Presses universitaires de France, 1998.

quelque chose, car il se demande dans son dernier livre intitulé *La tyrannie du plaisir* si le slogan fameux de mai 68 « Il est interdit d'interdire » n'avait engendré qu'égoïsme, angoisse et frustration...

En détruisant repères et valeurs, la permissivité n'est-elle pas responsable du désarroi d'une société qui, faute de cohérence, balance d'un extrême à l'autre ? C'est ainsi que l'auteur a pris conscience de « la dérive pénale de notre société ». Alors que l'ordre moral se dissout, il est remplacé par le Code pénal ou par le marché. Guillebaud cherche dans ce contexte à redéfinir les éléments d'une nouvelle morale sexuelle, débarrassée de ses préjugés libertaires[2].

Dans une entrevue récente, il cible le rapport Kinsey de 1948 qui avait médicalisé la sexualité en termes de performance quantifiable, et selon lequel il fallait juger des affaires sexuelles non plus en fonction du bien et du mal, de la volonté et de l'abandon, mais en fonction de bon ou mauvais fonctionnement. « Cette idée de la sexualité comme performance a été dévastatrice dans la société et source de souffrances dont tous les psychanalystes témoignent aujourd'hui[3]. »

Les trois dimensions de la sexualité

Pour mieux saisir le défi que pose la sexualité humaine, il faut réaliser que la vie sexuelle est tressée en premier lieu sur la dimension relationnelle qui soutient tout ce qui concerne les relations affectives (l'amour, l'amitié, la différence entre l'homme et la femme). Elle est de plus articulée sur la dimension procréatrice et, finalement, il y a

---

2. Guillebaud, J.-C. *La tyrannie du plaisir*, Seuil, Paris, 1998.
3. Anquetil, G., Guelta, B. et Weill, C. « Sexualité. Éloge de l'interdit », entrevue avec J.-C. Guillebaud. *Le Nouvel Observateur*, 1er-7 janvier 1998.

aussi une dimension érotique essentielle. La conjugaison de ces trois statuts, combinée à l'allongement de la durée de vie en couple, représente aujourd'hui une aventure incroyable[4].

N'est-ce pas donc aux parents que revient le rôle de transmettre à leurs enfants cette signification de la sexualité humaine? En effet, dans une culture qui tend trop souvent à banaliser la sexualité, les parents demeurent les meilleurs éducateurs de leurs adolescents en matière de sexe et d'amour.

Plutôt que la famille ne soit déconcertée par la cohabitation trop rapide des jeunes, la grande question n'est-elle pas de savoir s'ils sont capables d'aimer? C'est-à-dire de réaliser que leur partenaire est un «je» et qu'aucune relation ne sera durable si l'on ne s'engage pas à le traiter comme personne. «Car si l'amour entre deux êtes est l'expérience la plus extraordinaire qui soit, son caractère absolu peut le rendre violent et dévorant. Surtout si les jeunes n'ont pas appris qu'aimer ce n'est pas fusionner avec l'autre mais respecter sa personnalité et son originalité. Et dans tous les cas, vouloir son bonheur[5].»

La sexualité pourrait alors prendre un nouveau sens, un rapport à l'autre plus riche et plus libre. L'enjeu n'est certes pas mince pour les couples, pour les jeunes et pour la société tout entière. La critique du passé aurait alors cessé d'être simplement «une reculade panique». Elle aurait inventé demain[6].

---

4. Mounier, F. *L'amour, le sexe et les catholiques.* Centurion, Paris, 1994.

5. De Gentil-Baichis, Y. «Capables d'aimer?» *La Croix,* 9 janvier 1998.

6. Ernenwein, F. «Les exigences du plaisir». *La Croix,* 26 janvier 1998.

La santé mentale

28 mars 1993

L'angoisse,
ce défi du XXIe siècle

NOTRE MONDE MODERNE EST PÉTRI D'ANGOISSE, CETTE
ÉTRANGE SENSATION OÙ, SELON MALRAUX, « ON SENT AU
RYTHME DE SON CŒUR QU'ON RESPIRE MAL ».

Ce mal de vivre s'est installé insidieusement dans notre vie
quotidienne. Nous essayons cependant de le refouler en
menant souvent une vie mouvementée et exigeante en
marche avec le progrès scientifique. Mais quand le choc
d'une maladie sérieuse telle que le cancer survient et que
notre corps ne répond plus au tempo invulnérable de la
haute technologie, c'est alors que nos émotions étouffées
font surface et que l'angoisse prédomine.

Selon le docteur Yves Quenneville, psychiatre-oncologue à
l'hôpital Notre-Dame, la plupart des patients atteints de
cancer souffrent d'une certaine angoisse et 25 % peuvent
avoir besoin d'une aide spécifique. Il est difficile de cerner
les causes exactes de l'angoisse. Plusieurs facteurs jouent
néanmoins un rôle important. Le cancer est en fait perçu
comme une menace à l'intégrité de la personne et comme tel
devient générateur d'anxiété ou d'angoisse. De plus, le mot
cancer soulève pour le malade toute une dimension incon-
nue. À cela s'ajoute l'association étroite qui existe dans la
pensée populaire. Plusieurs patients, me dit le docteur
Quenneville, se considéraient comme des morts en sursis et
se posaient plusieurs questions : « Que va-t-il advenir de

moi? Vais-je être abandonné? Vais-je mourir? Quel est le sens de ma maladie? Qu'est-ce que j'ai fait pour mériter cela?»

La grande solitude règne face à ces questions vitales existentielles. Le malade est seul avec ses questions parce que, avec l'installation de la tristesse et de l'anxiété, l'entourage lui impose le « silence », particulièrement sur ses émotions. Dans tout ce chambardement psychologique, la prise en charge du patient par l'appareil hospitalo-médical n'est pas pour améliorer son état d'anxiété, car il pense que sa vie ne lui appartient plus et qu'elle est quasiment prise en mains par les professionnels de la santé.

Dans le traitement de l'angoisse me dit le docteur Quenneville, il faut ouvrir la porte grande à l'expression des peurs en les considérant comme légitimes et appropriées. Il faut aussi reprendre l'information médicale, l'actualiser et rassurer le patient sur la réalité du cancer diagnostiqué. À cela s'ajoute une psychothérapie de soutien dans laquelle, entre autres, on encourage le patient à se joindre à un groupe d'entraide mutuelle tel que Virage et à utiliser les ressources communautaires disponibles. Dans toute cette approche, il faut mettre à contribution le conjoint et la famille pour clarifier la situation et légitimer les peurs.

À la suite de cet entretien, j'ai rencontré Marie. Âgée de 61 ans, elle souffre d'un cancer du sein localisé nouvellement diagnostiqué. Après avoir subi une tumorectomie et de la radiothérapie locale, elle reçoit présentement de la chimiothérapie «adjuvante» pour prévenir une rechute précoce. Malgré que son médecin lui ait longuement expliqué qu'elle a de bonnes chances d'obtenir «une guérison potentielle», elle est très angoissée. Cela est en partie dû au comportement des gens qui l'entourent et qui pensent qu'elle est rendue à la phase terminale de sa maladie. Malgré qu'elle reçoive un bon soutien de tous les membres de sa famille, elle perçoit cependant qu'ils ont peur du mot «cancer».

Pour eux, cela équivaut à la fin de la vie. Et pourtant, me dit-elle, je ne suis pas prête à mourir et j'ai tellement de projets à réaliser... Une autre cause de l'angoisse de Marie, c'est le changement de son image corporelle, particulièrement la perte temporaire des cheveux. Grâce à l'encouragement du docteur Quenneville, elle a noué des liens d'amitié avec d'autres malades et cela lui fait du bien. Le soir cependant, quand tout le monde se retire, elle se sent terriblement seule et un sentiment de profonde détresse l'envahit.

Si ce sentiment de solitude est mis en relief par la maladie, il n'en reste pas moins que nous sommes tous, à travers notre modernité et nos exigences, confrontés à des angoisses où le moi profond de chacun est touché. Le rejet des valeurs qui ont été à l'origine de notre nation, et particulièrement notre jeunesse, nous ont laissés sans points de repère, sans guide moral et sujets à toutes sortes d'anxiété. S'il est vrai que l'État à travers son ministère des Affaires sociales et de la Santé prend en charge «les grandes solitudes», il n'apporte pas néanmoins de réponses aux problèmes des solitudes individuelles. Notre échec moral ne serait-il pas à l'origine de nos angoisses? Madame Lise Bacon a raison de dire: «Le TGV de l'avenir doit quitter la gare à minuit. Et il est minuit moins cinq.»

Le défi de la dépression

LE DIAGNOSTIC ET LE TRAITEMENT DE LA DÉPRESSION CLINIQUE
CONSTITUENT UN PROBLÈME DE SANTÉ PUBLIQUE DE PLUS EN
PLUS ALARMANT.

Un sondage effectué récemment pour le compte de l'Association canadienne pour la santé mentale et l'Association des psychiatres du Canada révèle que plus du tiers des Canadiens se sentent vraiment déprimés au moins une fois par semaine. Cela est en partie relié au fait que les gens se sentent insécures dans notre société de consommation, particulièrement quand s'installent une économie instable, la récession et le chômage. Quand s'ajoute à cela une maladie sérieuse telle que le cancer, c'est alors qu'apparaissent chez près de la moitié des patients des problèmes d'ajustement avec des symptômes variables d'anxiété et de dépression.

Selon le docteur Yves Quenneville, psychiatre-oncologue à l'hôpital Notre-Dame, il existe trois dimensions de la dépression chez les patients atteints de cancer. La forme la plus commune est un état de tristesse quand la personne reçoit le choc d'un tel diagnostic ou apprend qu'elle est inguérissable ou en rechute. Il s'agit d'une réaction d'adaptation normale à une situation nouvelle où le malade voit ses projets remis en cause. C'est pour cela qu'il est important que le médecin soignant et la famille accueillent une telle tristesse avec un silence disponible plutôt qu'avec des paroles creuses telles que « Je sais ce que tu ressens... ».

Chez 5 % des patients, l'état dépressif est plus intense et plus long que la simple tristesse. Il est dans ce cas accompagné d'insomnie, ou d'autres symptômes physiques, d'un sentiment de culpabilité et parfois d'idées suicidaires. Ainsi, la maladie est perçue comme une punition de la vie. Il faut démasquer et dédramatiser ce sentiment immédiatement, me dit le docteur Quenneville. Dans la troisième composante de la dépression, le patient est aux prises avec une perte appréhendée ou réelle de son autonomie, de son intégrité corporelle et de son statut social face à sa maladie. Il se sent isolé et perd l'estime de soi. L'approche psychothérapeutique est essentielle dans cette situation, car le psychiatre doit dénicher ce qui reste de positif chez le malade, pour lui redonner un sens de dignité, sans pour autant nier la perte d'intégrité corporelle ou la tristesse.

Dans les cas d'une vraie dépression, les traitements aux antidépresseurs tels que l'amitriptyline (Elavil) constituent un apport précieux. Ces médicaments n'ont cependant qu'un rôle chimique et ne remplacent pas l'effet thérapeutique d'une présence humaine. C'est la psychothérapie qui clarifie au patient sa maladie et restaure en lui ses forces positives et son estime de soi.

Florient est âgé de 60 ans et m'a été envoyé pour le traitement d'un cancer pulmonaire localisé mais inopérable. Dès sa première visite, j'ai remarqué son intense besoin d'être informé sur sa maladie et d'être assuré que nous allions tenter tout ce qui est médicalement et humainement possible pour qu'il ne se détériore pas physiquement ou psychologiquement. J'ai alors pris le temps d'écouter sa peine et sa grande tristesse, d'accepter que lui le sportif, le bien bâti était subitement atteint de cancer. Puis tout doucement, je lui ai expliqué ainsi qu'à sa famille l'approche thérapeutique «multidisciplinaire» proposée, ses inconvénients et ses espoirs de rémission et de vie. Il a fallu lui répéter plusieurs points pour lui permettre d'absorber cette information médicale qui lui était étrangère... Ce n'est qu'après une bonne demi-heure que son air hagard du début de la visite a fait place à un visage foncièrement bon avec des yeux mouillés mais remplis d'espoir. Quelques semaines après l'amorce du traitement, Florient m'a demandé d'être vu par le psychiatre-oncologue de l'équipe, le docteur Quenneville, pour obtenir une plus grande aide sur le plan psychologique. La psychothérapie lui a été salutaire et lui a permis de dédramatiser certains sentiments de culpabilité excessive qui minait sa vie et le rendait plus dépressif. Encouragé par cette prise en charge, Florient collabore activement pour entrer en rémission et vivre pleinement malgré son cancer.

Les soins prodigués par les professionnels de la santé pour contrôler les états dépressifs ne vont pas pour autant régler le problème inquiétant de la dépression et de la morosité de notre société contemporaine. Notre mal d'espérance a des origines spirituelles très profondes. Selon le psychanalyste Tony Anatrella, « nous vivons comme si nous n'aurions plus de racines, en ayant honte de notre religion, de notre passé, de nos pères, bref de nos origines... » Certains voudraient faire croire que nous sommes dégagés aujourd'hui d'une morale du devoir et que nous entrons dans la société post-moraliste[1]. Le défi de notre société dépressive ne serait-il pas de redécouvrir le sens d'un idéal et de la présence de Dieu ?

---

1. Anatrella, T. *Non à la société dépressive.* Flammarion, Paris, 1993.

24 octobre 1993

Les troubles
de la santé mentale :
un défi à relever

LA SEMAINE DE SENSIBILISATION AUX MALADIES MENTALES SE
TENAIT À TRAVERS LE CANADA, DU 4 AU 10 OCTOBRE DERNIER.
L'OBJECTIF ÉTAIT D'AIDER LE PUBLIC À LEVER LE MASQUE SUR LA
MALADIE MENTALE POUR DÉCOUVRIR DES ÊTRES HUMAINS VUL-
NÉRABLES ET DÉSESPÉRÉS QUI MÉRITENT DE GUÉRIR ET D'ÊTRE
PERÇUS TELS QU'ILS SONT RÉELLEMENT.

Le problème est de taille, nous disent d'ailleurs les chiffres.
En effet, les statistiques de l'Organisation mondiale de la
santé révèlent qu'une personne sur cinq souffrira de
maladie mentale au cours de sa vie. En Amérique du Nord,
si l'on ajoute les troubles de l'anxiété, 33 % de la population
en est touchée. De plus, un sondage mené par la firme
Compas auprès de 1500 personnes l'an dernier indique que
Montréal est la ville où on retrouve le plus de gens stressés
et déprimés, devant Toronto et Vancouver.

Quelles sont donc les causes d'une incidence aussi élevée de
troubles mentaux ? J'ai interviewé à ce sujet le docteur Yves
Lamontagne, président de l'Association des psychiatres du
Québec. Selon lui, la démystification de la maladie mentale
encourage plus de gens à consulter pour recouvrer leur
équilibre et connaître à nouveau une vie enrichissante.
D'autre part, les problèmes sociaux de notre monde

moderne, particulièrement la récession économique, augmentent l'ampleur du problème.

Les chômeurs, par exemple, sont plus enclins à l'anxiété, à la dépression et au suicide. En fait, comme cela a été dit par le Conseil social en France : « Tout ce qui intègre la personne dans le groupe et le groupe dans la communauté protège du suicide. » L'éclatement de la famille est un autre drame de notre société. Pour les enfants, cet éclatement du noyau familial est « une cassure qui risque de mettre en péril l'unité et la construction de leur personnalité. C'est alors que les angoisses et les incertitudes de l'existence prennent naissance [1]. »

La toxicomanie est aussi un facteur déterminant qui augmente la prévalence des troubles psychiques. L'usage de la drogue chez les adolescents naît initialement de la curiosité et d'un désir de transgresser les règles. Les vraies causes de la toxicomanie sont cependant le désarroi du jeune face à son isolement, ses échecs scolaires, la passivité des parents et l'indifférence de notre société.

Selon le psychanalyste Tony Anatrella, l'objet du débat ne devrait pas être la drogue, mais l'apprentissage de la vie, de la qualité de l'existence conjugale des parents, le réel souci d'une formation, la transmission d'une morale et d'une foi. « Nous perdons notre temps à parler de la drogue ; elle n'est qu'un cache-misère qui nous évite de penser à un projet pédagogique cohérent... La drogue stigmatise une société dépressive qui accepte de laisser des individus se retrancher en eux-mêmes et se cacher pour mourir dans le plaisir de la souffrance [2]. »

---

1. Anatrella, T. *Non à la société dépressive.* Flammarion, Paris, 1993, p. 182.
2. *Ibid.,* p. 221-245.

Finalement, la violence qui est omniprésente dans notre quotidien augmente sensiblement le lot des troubles mentaux. Selon le docteur Lamontagne, la recrudescence de l'anxiété, la dépression, le suicide et la violence, est reliée à la crise morale que nous vivons. «La perte du sens moral nous a fait perdre notre sens communautaire et a permis à l'individualisme de prendre le dessus dans notre société», me dit-il.

Que faire donc devant cette avalanche de problèmes psychiques? Dans les années 1990, qui sont considérées aux États-Unis comme la décennie du cerveau, la tendance va vers la connaissance des maladies mentales en fonction de la biologie, vers leur diagnostic par des techniques d'imagerie moderne du cerveau et vers leur traitement avec la finesse des nouveaux médicaments antidépresseurs et antipsychotiques.

Tout en concédant le succès d'une telle approche, le docteur Lamontagne est persuadé qu'il faut continuer à développer les psychothérapies et les approches de réinsertion sociale. On ne peut travailler avec succès si l'on ne considère pas simultanément les trois variables que sont le «bio», le «psycho» et le «social», me dit-il.

Devant ce foisonnement scientifique dans la maladie mentale, je ne peux m'empêcher de penser à Jean Vanier et à sa création de l'Arche au service des personnes ayant une déficience intellectuelle: «Nous, on a soif d'honneurs. Les handicapés mentaux ont soif de relations et d'amour; si quelqu'un les aime, leur vie prend réellement un sens...»

C'est dans un hôpital psychiatrique que Jean Vanier découvrit sa vocation: «C'était horrible de voir ces hommes errant sans but... Mais il y avait dans ce lieu une mystérieuse présence de Dieu. J'ai tout de suite pressenti que vivre en communauté avec eux pourrait me transformer, éveillant non pas mes qualités de leadership ou d'intelligence, mais mes qualités de cœur. »

Pour Jean Vanier, les personnes ayant une déficience intellectuelle sont la force du monde, sa lumière, sa vérité... Ils font partie du plan de Dieu.

Pourrions-nous en faire autant pour nos malades avec des troubles de santé mentale ?

Le regard de l'autre

LE MINISTRE DE LA SANTÉ ET DES SERVICES SOCIAUX, JEAN ROCHON, ANNONÇAIT IL Y A UN MOIS UNE VASTE RÉFORME DES SOINS DONNÉS AUX PERSONNES AYANT DES DIFFICULTÉS DE SANTÉ MENTALE, AFIN DE METTRE EN ŒUVRE LA POLITIQUE DE SANTÉ MENTALE ADOPTÉE EN 1989.

Celle-ci prévoit une série de mesures qui se fonde sur les grandes orientations suivantes : la primauté de la personne, la qualité des services, l'équité, la recherche de solutions dans le milieu de vie des personnes et le partenariat [1].

C'est dans ce contexte que le ministre Rochon propose d'inverser les proportions du budget alloué aux soins de santé mentale en dirigeant 60 % des dépenses vers les ressources communautaires et 40 % vers les hôpitaux. Le succès d'un tel virage dépendra en bonne partie de la volonté du ministère de la Santé et des Services sociaux et des professionnels de la santé mentale de mieux coordonner les services entre hôpitaux, centres locaux de services communautaires (CLSC) et ressources communautaires.

Or, en raison de la désinstitutionnalisation amorcée dès les années 1970, plusieurs personnes soignées pour des troubles mentaux sont déjà dans la communauté, mais n'ont pas nécessairement accès aux services et au soutien qui s'impose en dehors des institutions. À ce sujet, le ministre

---

1. Gouvernement du Québec – MSSS. *La politique de la santé et du bien-être*. Québec, 1992.

Rochon préconise dans le cadre de la réforme cinq moyens d'action : « Assurer un logement et des moyens de subsistance aux bénéficiaires, s'assurer de l'accessibilité aux traitements par des équipes intégrées, assurer des interventions de crise, offrir un meilleur soutien aux familles avec des réseaux d'entraide et, enfin, assurer des services de réadaptation[2]. »

D'autre part, le docteur Hubert Wallot, psychiatre au Centre hospitalier Robert-Giffard, constate que la psychiatrie n'a pas vraiment pris le virage communautaire. Pour cela, dit-il, il faudrait apprendre aux jeunes psychiatres à s'intégrer aux équipes de première ligne, aux CLSC et aux cliniques privées notamment. De plus, il affirme qu'un grand travail d'innovation reste à faire pour apprendre à travailler avec les ressources communautaires. « C'est toute la culture qu'il faut changer[3]. »

Mais qu'en pensent les ex-patients psychiatriques fréquentant des ressources extra-institutionnelles en santé mentale ? Une enquête effectuée auprès de ces personnes, principalement dans la région sud-ouest de Montréal, révèle que le problème le plus fréquemment rapporté est le manque de communication avec l'entourage. Une personne sur trois rapporte des difficultés d'adaptation à son problème de santé mentale et des difficultés à se prendre en charge dans son quotidien. Près de 25 % des répondants souffrent de se voir dénigrés par leur entourage quant à leurs capacités intellectuelles et à leurs habiletés sociales. Enfin, plusieurs déplorent vivre dans des conditions socio-économiques difficiles. Les données de cette étude indiquent finalement que cette population souffre d'isolement

---

2. Cloutier, M. « Virage en santé mentale ». *Le Devoir,* 16 avril 1997.

3. Dongois, M. « Le ‹ Virage fou › de la désinstitutionnalisation ». *L'Actualité médicale,* 15 janvier 1997.

social par manque de communication et en raison de diverses formes de rejet de la part de l'entourage[4].

Que peut-on donc faire pour contrer les blessures à l'estime de soi que provoquent les troubles de la santé mentale? Il faut faire une place à ces personnes fragiles, élargir le réseau de réadaptation.... et surtout se rappeler que «le regard de l'autre, en particulier du soignant, est extrêmement important pour le malade psychiatrique[5]».

Ce «regard de l'autre», je l'ai rencontré en observant une jeune ergothérapeute diriger dans un CLSC de l'Outaouais un groupe de huit personnes ayant des difficultés de santé mentale en activités créatives. Dès le début de la session de travail, elle les encouragea à émettre leurs commentaires sur leurs réalisations artistiques des deux derniers mois. Après quelques minutes d'hésitation, les personnes se sont laissées prendre au jeu du dialogue et la glace était rompue. Et l'une d'entre elles a eu ce beau commentaire: «L'accomplissement d'un travail, c'est comme semer des graines pour obtenir un bouquet de fleurs.» La thérapeute en profita pour faire appel à leur créativité et les inciter à dessiner ensemble une scène printanière. Ce fut la détente et la joie... En les plongeant ainsi dans l'action, en se mettant à leur diapason et en les regardant avec les yeux du cœur, cette thérapeute avait conquis ces personnes fragiles et elle favorisait ainsi leur réintégration graduelle dans notre société...

---

4. Poulin, C. et Massé, R. «De la désinstitutionnalisation au rejet social: point de vue de l'ex-patient psychiatrique». *Santé mentale au Québec,* vol. 19: 175-194, 1994.

5. Perreault, M. «En psychiatrie, pas d'argent à récupérer». *La Presse,* 19 janvier 1997.

IV

Les aînés

27 septembre 1992

À cœur ouvert
avec les aînés

J'AI RENCONTRÉ RÉCEMMENT LE DOCTEUR YVES BACHER, CHEF
DU SERVICE DE GÉRIATRIE À L'HÔPITAL NOTRE-DAME, À QUI
J'AVAIS DEMANDÉ DE ME DONNER L'HEURE JUSTE SUR LES
MOYENS DE PROMOUVOIR LA SANTÉ DES PERSONNES ÂGÉES.

Plusieurs d'entre elles, me dit-il alors, ont une santé frêle,
causée en bonne partie par un manque d'exercice physique.
Contrairement à ce qui est parfois véhiculé, l'exercice chez
les aînés est bien toléré et est bénéfique, aussi bien physio-
logiquement que dans les différents programmes de réadaptation. Il faut donc l'encourager. Pour la majorité des
personnes âgées, la marche reste la forme la plus sécuri-
taire, la plus économique, la plus facile et la plus bénéfique.

Un autre problème commun est la multitude de médicaments prescrits aux aînés. Et pour prévenir les erreurs
d'ingestion, une excellente communication entre le médecin
et le patient est essentielle. De plus, l'industrie pharmaceu-
tique a produit des molécules intéressantes qui réunissent
les propriétés de deux ou trois médicaments, permettant
ainsi de réduire le nombre de médicaments consommés.

Selon le docteur Bacher, l'idéal est de permettre aux personnes de l'âge d'or de vieillir en bonne santé. Pour cela,
outre l'exercice, une nutrition équilibrée et variée est
importante. Les personnes âgées gagnent aussi à
demeurer actives dans leur profession le plus longtemps

possible, avec pondération, selon leurs capacités. Ces éléments, s'ils sont soigneusement pris en considération, préviennent l'apparition d'un état dépressif. C'est un problème fort commun, aux effets débilitants chez les aînés. L'objectif du docteur Bacher est d'établir un réseau de soins aux personnes âgées en perte d'autonomie, qui assurerait une continuité entre les soins donnés par le médecin de famille, l'équipe des soins à domicile et le centre d'hébergement de courte durée ou de soins prolongés.

Fort de ces connaissances, je suis allé, dès le lendemain, visiter un groupe d'aînés résidant soit à l'unité de gériatrie, soit à domicile. J'en ai retenu les trois portraits qui suivent.

Lucienne, âgée de 86 ans, vivait tranquillement avec son époux dans sa petite maison de la région de Saint-Michel. Après avoir élevé sept enfants, elle vaquait désormais seule à ses besoins jusqu'à tout récemment, quand subitement elle fut paralysée du côté droit, à la suite d'un accident vasculaire cérébral. Depuis, elle est hospitalisée et il lui faut réapprendre à marcher et à parler. Lentement, elle prend du mieux et s'apprête à être transférée dans un centre d'hébergement. Quand je lui ai demandé de me donner un message, basé sur son expérience de la vie, elle a réfléchi un instant et m'a dit : « Aimez-vous les uns les autres et donnez du bonheur autour de vous... Occupez-vous surtout des enfants abandonnés dans la rue. »

Plus loin, je rencontrai Lionel. Il est retraité depuis 15 ans mais a décidé de demeurer actif et a ouvert un petit commerce : Le marché aux puces. « Je ne voulais pas m'en aller à la retraite sans rien faire. Le travail me tient en vie... », me dit-il. Après avoir été admis à l'hôpital une première fois pour être opéré d'une tumeur au cou, il souffre maintenant de douleurs et de faiblesse aux jambes et a dû être hospitalisé. Il est cependant rempli d'espoir et voudrait reprendre son commerce. Lionel m'a confié que, après avoir délaissé la pratique religieuse à cause de « l'esprit dur » de certains prêtres, il a retrouvé le sens de la spiritualité et va maintenant à la messe et à confesse.

Quant à Marie, que j'ai visitée à domicile, elle est âgée de 77 ans et vit avec ses deux filles. Elle est pleine d'humour, s'émerveille facilement et une sérénité se dégage de toute sa personne. Quand je lui ai demandé d'où provenait sa sérénité, elle me répondit avec candeur : « Elle me vient de Dieu et de la Vierge Marie qui nous donnent la force de supporter nos épreuves. » En effet, elle a de la difficulté à se mouvoir et souffre d'une diminution importante de la vue. Ses déplacements limités ne sont possibles que si elle est accompagnée. « Oui, l'amour suffit » pour s'occuper d'un parent âgé en perte d'autonomie... pourvu qu'il y ait un partage des responsabilités et qu'il existe des ressources de répit.

Je sors de cette tournée riche de perles acquises en parlant à cœur ouvert avec des aînés. Comme ils sont heureux quand nous leur demandons leur opinion et quand ils ne sont pas mis à l'écart... Ils chérissent leur liberté et voudraient que nous soyons solidaires de leur désir de demeurer chez eux, tout en leur organisant, avec dévouement, les services d'entraide appropriés. Ils sont prêts à nous livrer toutes leurs réserves de bonheur accumulées au cours des années.

J'ai appris à leur contact que le vieillissement n'est pas un problème à résoudre, mais qu'il est plutôt une étape de la vie remplie de don et de gratuité, de transparence et de dépouillement, de tendresse et de prière... Il n'y a pas un aîné qui ne m'a pas mentionné la dimension spirituelle de sa vie. Ils sont prêts à témoigner auprès des jeunes et à leur servir de points de repère valables. Le monde sait aujourd'hui le rôle joué par les grands-mères des pays de l'Europe de l'Est pour préserver la lumière de la foi malgré l'oppression délibérée du régime communiste athée. Et c'est Yvan Lavigne qui lance un appel aux aînés en leur disant: «Vous êtes peut-être plus utiles que jamais, puisque vous touchez les cœurs et les âmes.»

Pour l'épanouissement des aînés

ON PRÉVOIT QUE D'ICI 10 ANS, 14 % DE LA POPULATION DU
QUÉBEC SERA FORMÉE DE PERSONNES ÂGÉES DE PLUS DE
65 ANS : UNE AUGMENTATION DE 40 % PAR RAPPORT À LA SITUA-
TION ACTUELLE.

Or, plusieurs aînés souffrent d'une multitude de problèmes
médicaux chroniques, notamment l'arthrite, l'hypertension artérielle, les maladies respiratoires et les troubles
mentaux. De plus, à cause de la perte de leur travail et des
deuils répétés, une bonne partie d'entre eux se retrouvent
dans une situation de dépendance sociale et financière.
Cette situation de fait entraîne l'isolement et la mise à
l'écart des personnes âgées.

C'est dans ce contexte que le gouvernement du Québec,
dans sa politique de la santé et du bien-être, s'est fixé pour
objectif, entre autres, d'éliminer les obstacles à l'intégration sociale des personnes âgées, d'ici l'an 2002. Le défi est
de taille et deux voies d'action prioritaire sont préconisées,
l'une et l'autre impliquant une participation active des
aînés tout au long du processus :

1. Adapter la société au vieillissement de la population
   en stimulant par exemple la collaboration de
   plusieurs secteurs d'activité – la sécurité du revenu,
   l'habitation, la sécurité publique, le transport, la

santé et les services sociaux – dans l'action en faveur des personnes âgées.

2. Réorienter les services socio-sanitaires de façon à fournir aux personnes âgées les moyens nécessaires pour maintenir le plus longtemps possible leur intégration à leur communauté, avec des conditions de vie adéquates pour elles-mêmes et pour leurs proches[1].

En d'autres termes, au lieu d'une prise en charge de plus en plus institutionnalisée des personnes âgées, le gouvernement met plutôt l'accent sur les services de maintien à domicile et une collaboration étroite avec des réseaux «informels», formés principalement de gens généreux qui sont prêts à mettre leur compétence au service des aînés. Comment cela se traduit-il dans la vie courante du monde ordinaire?

Au service d'hémato-oncologie de l'hôpital Notre-Dame par exemple, la majorité des personnes hospitalisées sont âgées et plusieurs ne sont que semi-autonomes. Cela nécessite une ingéniosité quotidienne de la part de la travailleuse sociale, Marthe Riopel, pour leur assurer, dans le dédale des options disponibles, une réintégration éventuelle dans leur milieu de vie habituel avec l'aide de la famille ou de l'équipe des soins à domicile. Si la chose est impossible, Marthe discute alors avec la patiente et la famille d'un hébergement dans un centre d'accueil ou un centre hospitalier de soins prolongés.

Dans ce sens, le cas de Céline est pathétique. Âgée de 80 ans, je la suis depuis 15 ans pour un cancer du sein «guéri». Il y a un mois, elle nous arriva à l'urgence dans un état de

---

1. Gouvernement du Québec – MSSS. *La politique de la santé et du bien-être.* Québec, 1992.

détérioration générale, de confusion et de grande faiblesse. Elle fut immédiatement hospitalisée pour qu'on puisse évaluer s'il s'agissait d'une récidive de son cancer. À cet égard, tous les tests se sont révélés négatifs. Notre surprise fut aussi grande qu'agréable quand, quelques semaines après son hospitalisation, Céline retrouva sa lucidité et sa vivacité. Elle souffrait en fait de malnutrition. Quand je l'ai questionnée, elle m'avoua candidement qu'elle avait de plus en plus de difficulté à préparer ses repas, qui brûlaient souvent à cause de sa vue faiblissante.

Ayant peur du feu, elle a tout simplement préféré cesser de s'alimenter. Le dilemme qui se pose actuellement est d'analyser avec Céline, Marthe et la famille si un retour à domicile avec un soutien familial et celui de l'équipe des soins à domicile est envisageable. Céline serait d'accord pour une telle solution, pourvu qu'on s'occupe d'elle «affectueusement» et qu'à défaut de la lumière des yeux elle ressente une étincelle d'amour au fond de son cœur.

Dans notre système de santé, et particulièrement en ce qui concerne les aînés, la clé du succès dépendra du don que chacun de nous est prêt à offrir. Jacques Godbout ne nous dit-il pas que «le don est au système social ce que la démocratie est au système politique et ce que la conscience est aux individus[2]»?

En effet, dans un budget de 12 milliards de dollars affecté à la santé et aux services sociaux, il y a peu d'espoir que la partie allouée aux soins à domicile aille au-delà du 1,5 % ou 181 millions de dollars versés en 1991-1992. Il faudra donc canaliser les ressources serrées vers les groupes dynamiques qui sont au cœur de l'action et qui donnent du service à un minimum de frais, tels que l'Entraide Ville-Marie

2. Godbout, J. *L'Esprit du don*. Boréal, 1992.

ou les Messagères de l'Espoir dont a parlé Raymond Bernatchez[3].

Dans le cadre du maintien de l'intégration des personnes âgées à la société, les centres de jour jouent un rôle important. À ce sujet, je ne peux m'empêcher de penser à Yolande Magella. Ancienne institutrice à la CECM, elle a fondé en 1978, au Bois-de-Boulogne, L'Anneau d'or et d'argent, dont l'objectif est de faire sortir les personnes âgées de leur maison et de leur isolement. Aidée par une subvention gouvernementale, elle commença par leur organiser de multiples activités culturelles, artisanales et sportives. Un repas communautaire est parfois servi et c'est une vraie petite fête de retrouvailles, de jeux de société et de discussions critiques. Yolande me dit qu'en fin de journée elle a de la difficulté à les renvoyer chez eux... Récemment, elle a organisé à son petit monde d'aînés des voyages en Floride et au Mexique à des prix abordables. Sa joie est de voir les yeux des personnes âgées briller d'émerveillement face aux possibilités qu'elle leur donne de vivre avec sérénité leur vieillesse. Son rêve est de leur construire une maison... Il faudra bien que notre génération du *me, myself and I* se transforme à la lumière de ces exemples pour, comme le dit si bien Jacques Grand'Maison, «donner des arguments à ceux qui ne peuvent se lever debout».

---

3. Bernatchez, R. «Un coup de main pour les malades à domicile». *La Presse,* 4 avril 1993.

12 novembre 1995

Prévenir la violence
faite aux aînés

EN L'AN 2000, ON ESTIME QUE LE QUÉBEC COMPTERA ENVIRON
12 % DE PERSONNES ÂGÉES DE PLUS DE 65 ANS ET, EN 2010,
STATISTIQUE CANADA ESTIME QUE CE POURCENTAGE PASSERA À
16,7 %.

Cela est principalement relié à l'augmentation de la durée
moyenne de vie, qui atteint près de 80 ans de nos jours.
Plusieurs rêvent de vivre cette étape de la vie avec plus de
liberté, plus de simplicité et d'abandon. Cependant, parfois il
n'en est pas ainsi, et on se retrouve tel que le chante Jacques
Brel dans *Les vieux.* «Du lit à la fenêtre, puis du lit au fauteuil, et puis du lit au lit»: un raccourci qui en dit long sur
l'installation de la dépendance chez les personnes âgées.

Et là, insidieusement apparaît un des drames de notre
société moderne: une personne âgée sur 10 serait victime
de violence. «La violence contre les personnes ayant des
incapacités a été caractérisée comme suit: elle se produit
dans le contexte de la discrimination systémique contre les
personnes ayant des incapacités où il y a souvent un
déséquilibre de pouvoir, et elle comprend des formes de
mauvais traitements aussi bien insidieuses qu'évidentes
qui peuvent ou non être considérées comme des actes
criminels [1]. »

---

1. Institut Rocher. *La violence et les personnes ayant des incapacités : une
analyse de la littérature.* Toronto, 1995.

Dans 42 % des cas de violence familiale envers une personne âgée, les enfants sont les auteurs. «Plusieurs motifs peuvent en être la cause : une structure de violence au sein de la famille ; une crise familiale où l'agresseur inverse les rôles et devient le père ou la mère tout en infantilisant la victime ; des problèmes de santé mentale ou de toxicomanie chez l'agresseur et des problèmes ponctuels de stress, qu'il s'agisse de perte d'emploi, d'un décès, d'une séparation ou d'un divorce... Ainsi, particulièrement chez la personne âgée handicapée, l'aidant naturel est dépassé et devient parfois lui-même agresseur [2]. »

Ces mauvais traitements infligés aux aînés prennent plusieurs formes. «Il y a violence physique quand, délibérément, l'aîné est malmené, giflé ou frappé... La violence psychologique, présente dans environ le tiers des cas, est plus sournoise. Elle renferme l'isolement psychologique ou social, l'infantilisation, la dévalorisation et la privation de moindres décisions de sa vie... Il y a exploitation financière et matérielle quand une personne qui prodigue des soins à un aîné vole son chèque de pension ou s'approprie illégalement ses économies ou ses possessions... »

Comme dernier type de violence, il y a la négligence. Elle consisterait à priver un aîné d'une nourriture saine, de médicaments, de vêtements propres ou d'un lieu d'habitation salubre [3]...

Michel Couture, du Centre des aînés du Québec, soutient que «ce que l'on constate aujourd'hui n'est en réalité que la pointe de l'iceberg». Connaissant peu leurs droits et les services existants, les victimes des mauvais traitements pensent souvent qu'il est inutile de discuter de leur

---

2. Lacroix, L. «L'âge d'or malmené». *La Presse,* 22 juillet 1995.

3. Théorêt, C. «La violence faite aux aînés : un drame secret». *Partageons,* août 1994.

situation avec qui que ce soit. Voilà pourquoi il est si important de diffuser l'information, particulièrement celle des services offerts. En ce sens, la Commission des droits de la personne fait de grands efforts et se déplace aux endroits où se trouvent les personnes âgées, tels que certains HLM ou autres types d'habitation. Elle offre de l'information et des dépliants.

Quoi faire donc pour régler ce drame systémique et social? Le gouvernement du Québec, dans sa politique de la santé et du bien-être, s'est fixé pour objectif à ce sujet de prendre les voies d'action prioritaires pour respecter la personne âgée, quelles que soient ses limitations. D'autre part, un organisme tel que Secours aux aînés, une filiale de la Fondation Jules et Paul-Émile Léger, apporte son soutien aux groupes et organismes dont l'objectif est de rejoindre les aînés en difficulté là où ils se trouvent. Cette filiale favorise, par exemple, les initiatives de gardiennage ou le partage des responsabilités qui libèrent les aidants naturels en leur offrant des moments de répit. Notons aussi Info-ligne (514-489-ABUS). Il s'agit d'un service téléphonique, une initiative du CLSC René-Cassin à Montréal. Dans la région de Laval, l'organisme DIRA (Dénoncer – Informer – Référer – Accompagner), au (450) 681-8813, s'engage particulièrement auprès des aînés.

C'est dans un tel climat de collaboration et de solidarité que jailliront la tendresse et l'amour. Les aînés ont une soif de vie extraordinaire et ne demandent qu'à s'épanouir avec nous en touchant les cœurs et les âmes des jeunes générations.

L'audace de vieillir…
un secret à partager

TEL EST LE TITRE DU COLLOQUE QUI A EU LIEU À MONTRÉAL, IL Y A UN MOIS, À L'OCCASION DE LA JOURNÉE INTERNATIONALE DES AÎNÉS. IL FUT ORGANISÉ PAR LES PETITS FRÈRES DES PAUVRES ET L'ASSOCIATION QUÉBÉCOISE DE GÉRONTOLOGIE.

Après la pilule amère que beaucoup d'aînés ont dû avaler avec l'assurance-médicaments, les participants du «bel âge» à ce colloque en ont profité pour exprimer leur soif de vivre et leur désir d'aimer et de s'épanouir. Compte tenu du vieillissement de la population qui augmente à un rythme exponentiel dans nos sociétés industrialisées et qui atteindra dans 30 ans 25 % de la population québécoise, ne faudrait-il pas prendre le temps d'écouter les personnes âgées et leur donner la possibilité de participer aux décisions qui leur incombent?

Cette fraternité avec les aînés est essentielle, car le mal dont ils souffrent, avant même la maladie ou le manque d'argent, c'est la solitude. Il y a un demi-siècle déjà, le fondateur des Petits Frères des pauvres en France, Armand Marquisait, disait: «Des fleurs avant le pain.» Aujourd'hui, le relais est pris par une élégante dame de 94 ans, Clara Candiani, ancienne annonceuse sur France-Inter, qui soutient que «le premier besoin du vieillard, ce n'est pas d'être aidé, mais aimé. Ceux qui nous traitent comme des enfants nous humilient. Les vieillards ont tendance à se réfugier dans le passé. Ne les enfermons pas. Il faut vivre le temps présent, s'y intéresser. Lire. Aller vers les autres [1]...»

Une des voies où les personnes âgées excellent et qui n'est pas suffisamment exploitée, c'est la relation d'écoute réciproque et confiante qu'elles ont le don d'engager avec les plus jeunes. À ce sujet, la Fédération internationale pour la défense des valeurs humaines fondamentales vient d'éditer *Les grands-parents de Julie ou la famille dans le bon sens.* Ce livre explique le rôle des grands-parents dans la construction de la personnalité de leurs petits-enfants. Ils leur permettent de trouver leurs racines profondes. Dans cet ouvrage, la substance même de cette relation privilégiée, la tendresse, est mise en lumière : «Ils sont de merveilleux veilleurs car l'âge et la distance les exercent aussi à regarder avec les yeux du cœur [2].»

Chez nous, c'est Marguerite Lescop, auteure, qui fait fureur. Il y a un an, elle a publié son autobiographie *Le tour de ma vie en 80 ans,* et c'est le grand succès de la «Céline Dion de l'âge d'or [3]». Elle se retrouve sur toutes les antennes et vedette-conférencière à 81 ans. Quand on lui demande quel est le secret de sa vieillesse, elle répond : «C'est de se corriger de ses défauts, de développer ses qualités et d'aimer la Vie.»

Mais à la vue de son sourire pétillant d'amour, on veut en savoir plus long sur le secret de son enthousiasme contagieux et de sa joie de vivre : «J'ai un côté mystique très important. Jamais je ne l'abandonnerais au profit de la popularité. J'ai besoin de méditer et de prier. Ma relation

---

1. Duquesne, J.-C. «Vieux et jeunes au coude à coude». *La croix,* 29 avril 1996.

2. FIVA. *Les grands-parents de Julie.* CDG Créations, Paris, 1996.

3. Lescop, M. *Le tour de ma vie en 80 ans.* Lescop, Montréal, 1995.

avec Dieu est essentielle. Pour moi, le secret du bonheur, c'est d'entreprendre ce qu'on a dans la tête et d'aller au bout de ses idées. Aller au bout de soi-même, ce n'est pas facile, mais le résultat en vaut la peine. Il ne faut jamais lâcher[4]. »

---

4. Tremblay, C. «Le secret du bonheur, c'est d'aller au bout de ses idées». *La fleur de l'âge,* avril 1996.

Je dis c'est le paradis

Le paradis c'est...
Le vert limette des feuilles
Tout autour
Comme une immense couronne
Où l'or c'est le soleil
Qui par ses rayons
M'inonde et m'épouse
Irrésistible douceur

Le paradis c'est...
La luxure du temps
Qui cesse d'être cruel
Le temps qui cesse
Et enfin goûter son opulence
Comme loin dans l'enfance
En toute insouciance
Comme si les aiguilles
Ne tournaient plus
Et que l'essentiel
Était là au bout des doigts.

Le paradis c'est...
L'arbre désespéré
Celui qu'on songeait couper
Qui porte enfin ses fruits
Immenses, superbes, inespérés
Au goût de l'effort
Et des saisons défiées

Le paradis c'est...
Les autres !...
Ceux qui écoutent sans enfer
Ceux qui mûrissent
En nous sucrant le bec
Comme les souvenirs

Toujours plus beaux
Plus savoureux
Avec les années qui passent
Ceux-là qui inspirent
Jusqu'à leurs mimiques
Et leurs rides charmantes
Et qui par un détour
Peuvent nous rendre meilleurs

Jean-Paul Sartre disait, en parlant du jugement : « L'enfer, c'est les autres. » Moi, je préfère chercher où se cache le paradis. Je me suis surprise à le découvrir tout près !

Patricia Ayoub
Août 2003

V

L'humanisme

8 novembre 1992

Un homme
pour les autres

IL Y A TROIS ANS, JEAN-CLAUDE MALÉPART NOUS QUITTAIT POUR
«LA VIE ÉTERNELLE». CE SONT LES MOTS UTILISÉS PAR LE
«LION» DE LAURIER – SAINTE-MARIE POUR NOUS CONSOLER DE
SON DÉPART... IL Y AVAIT AINSI, COMME L'A NOTÉ MGR JEAN-
CLAUDE TURCOTTE, UNE SIMILITUDE DE PENSÉE ENTRE JEAN-
CLAUDE ET THÉRÈSE DE L'ENFANT-JÉSUS, QU'IL CHÉRISSAIT
PARTICULIÈREMENT.

Parlementaire redoutable en chambre, il était en même temps étrangement l'homme des Béatitudes : à l'Assemblée nationale ou à la Chambre des communes, il était le défenseur des moins nantis, exprimant l'opinion des gens en difficulté et venant en aide aux plus démunis de notre société.

C'est ainsi qu'il a lutté contre la désindexation des pensions de vieillesse en 1985 ; contre la diminution des allocations d'assurance-chômage en 1986 ; et pour la survie de l'est de Montréal, bataille qui avait commencé par les multiples mises à pied aux usines et raffineries dans l'est de Montréal. Ardent et courageux défenseur de la justice sociale, son Centre d'information communautaire du centre-sud de Montréal est un vrai noyau de dépannage et d'entraide, offrant au bon peuple toutes sortes de services sociaux, y compris l'aide juridique.

C'est dans ce contexte qu'un prêtre, l'abbé Bilodeau, lui écrivit, quelques jours avant son décès, ces mots : « Tu as été Jean-Claude l'ami des pauvres et tu les as aidés. C'est Jésus en fait que tu secourais. Chanceux, car ta place t'est réservée au Royaume... »

Malgré son esprit combatif, il incarnait la bonté même. Justement, je conversais un jour avec lui des combats à mener dans le domaine sociomédical quand soudain il m'interrompt en disant : « Mais il faut le faire tout en étant doux. N'avons-nous pas appris que ‹ Bienheureux ceux qui sont doux, car ils recevront la terre que Dieu à promise › ? » C'est ainsi que le monde ordinaire connaissait Jean-Claude Malépart et se retrouvait dans ses propos.

C'est au milieu de cette vie intense et à une semaine des élections fédérales du 21 novembre 1988 que son médecin lui a appris qu'il était gravement malade et atteint d'un cancer pulmonaire. Malgré les conseils du docteur Cholette d'arrêter sa campagne électorale et d'être hospitalisé, il décida de poursuivre sa lutte et ne vint me voir qu'après avoir été réélu et avoir réconforté et insufflé un peu de fierté et d'enthousiasme aux militants libéraux vaincus et abattus !

Agir ainsi demande un esprit de charité et d'abnégation hors du commun. À notre première rencontre, j'ai expliqué à Jean-Claude le degré d'évolution de son cancer pulmonaire, la nature des traitements de chimiothérapie qu'il devait recevoir ainsi que les effets secondaires. Il me fit rapidement confiance et entre nous se développa une complicité pour lutter contre son cancer disséminé. Mais cela ne lui suffisait pas pour vivre : « Je n'ai jamais vécu pour Jean-Claude Malépart. Pour vivre, ça me prend des raisons. » Bouleversé par le cauchemar vécu, comme des milliers d'autres patients, dans les corridors des salles d'urgence de nos hôpitaux, fort de son audace et de sa foi,

Jean-Claude décida alors de s'attaquer à l'instabilité de la qualité des soins hospitaliers.

C'est ainsi que le député de Laurier – Sainte-Marie proposa à la Chambre des communes de sabrer les budgets militaires. «Au lieu d'acheter deux sous-marins nucléaires, on devrait injecter ces milliards dans la santé», disait-il. Il trouvait inacceptable le laisser-aller dans l'accessibilité aux soins et lança sa croisade avec l'aide de ses amis de la presse: «Il y a des gens qui souffrent parce que les gouvernements n'ont pas assez investi d'argent pour l'achat d'équipements; d'autres doivent attendre des mois avant d'avoir un pontage aortocoronarien et, pendant ce temps, les hôpitaux ferment des lits pour ne pas se retrouver en déficit. Je trouve ça inhumain. Ça veut dire que l'assurance-hospitalisation n'est pas valide pour tous à la fin de l'année financière[1].»

En juin 1989, Jean-Claude avait terminé sa chimiothérapie d'induction et était en rémission de son cancer. Il décida alors de partir en France pour remercier Notre-Dame de Lourdes. Plutôt que de se livrer à des séances de relaxation, il avait en effet trouvé, dans la prière et dans la vie courageuse des saints, la force nécessaire pour mener la lutte jusqu'au bout. En revenant de Lourdes, il avait deux certitudes: la première était de remercier quotidiennement le Bon Dieu pour sa santé et le devoir accompli; et la deuxième était que, «même quand on ne peut plus garder espoir, il reste toujours l'espérance». Ce pèlerinage fut pour lui le viatique qui lui permit d'accepter la récidive de son cancer.

Loin de se décourager, l'inlassable député accepta, au cours des derniers mois de sa vie, d'épouser une ultime cause: celle de devenir le porte-parole officiel de la campagne de

---

1. *L'Actualité médicale,* 12 avril 1989, p. 29.

financement 1989-1990 de la Fondation québécoise du cancer. Il avait pris à cœur la mission de cette fondation qui favorise, entre autres, l'humanisation des soins et l'amélioration des centres de traitement du cancer.

Jean-Claude Malépart, c'était tout ça et bien plus. C'était un homme pour les autres...

3 janvier 1993

Les nouveaux missionnaires de la santé

EN CES JOURS DE JOIE ET DE FÊTE, NOS CŒURS SONT IRRÉSIS-TIBLEMENT TOURNÉS VERS LES PLUS DÉMUNIS, ET NOUS SOMMES APPELÉS À PARTAGER, À DONNER ET À BÂTIR.

Prenons comme exemple notre système de santé. Il a certes des lacunes, mais essentiellement il est bien structuré et donne à notre population une qualité supérieure de santé. Mais qu'en est-il de la santé de nos frères et sœurs du tiers-monde? Mettons-nous à leur place et nos yeux s'ouvriront sur des maladies infectieuses qui sont meurtrières chez eux et que nous guérissons facilement chez nous.

Le dernier rapport de l'Unicef (Fonds des Nations unies pour l'enfance) révèle que la pneumonie, la rougeole et les maladies diarrhéiques tuent annuellement huit millions de jeunes de moins de cinq ans dans le monde en développement. C'est devant une telle détresse humaine que plusieurs jeunes médecins sacrifient quelques années de leur vie active pour porter secours et sauver des centaines d'êtres humains, notamment au cœur de l'immense conti-nent africain. Sans s'en douter, ils sont animés du même souffle de générosité et de grandeur que celui de leurs ancêtres missionnaires d'Afrique. Nombreuses, en effet, sont nos familles québécoises qui ont encore parmi leur parenté un «père blanc» ou une «sœur missionnaire» qui a sacrifié sa vie pour permettre aux autres d'exister pleinement au centre de l'univers. La plupart de nos médecins qui ont servi en Afrique préfèrent toutefois, par pudeur, ne pas mentionner cette tradition et plutôt se référer à la figure humanitaire qui a hanté les rêves de plusieurs d'entre nous et qui a suscité un grand nombre de vocations humanitaires : Albert Schweitzer.

Ce philosophe d'origine alsacienne avait décidé à l'âge de 30 ans de quitter la théologie et la musique pour entreprendre des études médicales. Il partit ensuite au Gabon pour construire un hôpital et devenir « le bon docteur de Lambaréné ». À cause de son humanisme et de sa promotion du développement en Afrique, il se vit décerner le prix Nobel de la paix en 1952.

Gynécologue-oncologue à l'hôpital Notre-Dame, le docteur Pierre Drouin me raconte qu'en 1974 il décida de partir au Cameroun pour aider bénévolement à l'implantation du centre universitaire du service de santé de l'Université de Yaoundé. Il devait cette décision en partie à son émerveillement face à la vie passionnée et généreuse de son oncle, le père Germain, un père blanc, et en partie au mythe Schweitzer. Durant deux ans, il fut responsable à Yaoundé de la section mère-enfant et mit en place une structure de soins locaux pour réduire l'effarant taux élevé de mortalité maternelle et périnatale. Pour y arriver, il se dévoua à améliorer de multiples règles d'hygiène élémentaire. À cause de son dévouement inlassable à effectuer les plus petites tâches, on le surnomma « le Noir blanc ». « Il est étonnant, me dit le docteur Drouin, que nous croyons initialement aider les autres, mais c'est finalement nous qui bénéficions au niveau humain. Quant à nos connaissances médicales, au fur et à mesure que nous les mettons en pratique en pleine brousse africaine, nous les réévaluons pour n'en garder que l'art de soigner, de réconforter, de soulager et de guérir. Nous réalisons aussi que nous avons besoin d'autres valeurs que celles des connaissances médicales. Nous apprenons soudainement au contact des Africains à devenir simples, humbles et à apprécier leur culture. Contrairement à nos méthodes radicales utilisées en Occident, les changements et les progrès que nous implantons en Afrique s'effectuent à un rythme plus lent, progressivement et au fil des années. L'écoute prend place particulièrement quand le partage et l'entraide ont lieu à un niveau d'égalité entre frères humains. C'est en acceptant un tel rôle effacé de collaborateur et d'aide au développement que nous permettrons l'épanouissement du continent africain.» Pour le docteur Drouin, les habitudes de vie africaine sont plus saines que les nôtres : le travail quotidien s'effectue à un rythme harmonieux entrecoupé de périodes de repos. Ici, par contre, nous sommes continuellement essoufflés...

Par l'acquisition au cours des années 1950 et 1960 de l'indépendance de la plupart des peuples africains, plusieurs régimes oligarchiques s'installèrent à travers le continent africain, ouvrant ainsi la porte à la guerre civile, à la violence et à une misère humaine poignante. C'est alors qu'un groupe de médecins français surnommés *French Doctors,* révoltés par la santé délabrée de plusieurs populations du tiers-monde, ont formé une équipe de «médecins sans frontières» qui sont partis audacieusement au secours des plus souffrants parmi les pauvres. Leur héros, c'est le docteur Bernard Kouchner, ministre de la Santé et de l'Action humanitaire en France. En 1968, au Biafra, il fut le premier à démarrer cette aventure humanitaire et à affirmer un «devoir d'ingérence» en assistant les populations. Il l'a fait malgré l'indifférence mondiale et grâce au concours de jeunes médecins dynamiques qui étaient prêts à donner leur vie pour sauver la misère humaine. Au cours des années, Kouchner est devenu le Samaritain des temps modernes. Il vient de publier un livre merveilleux : *Le malheur des autres* [1], que je vous suggère de lire. Le 31 décembre dernier, cet infatigable défenseur de la fraternité humaine participait avec des humanistes venus des quatre coins du monde à un «concert pour la paix» dans Dubrovnik encerclée par les combats. Je ne serais pas étonné qu'il célèbre le 31 décembre 1992 dans Baidoa, le centre de la famine en Somalie, pour apporter un certain sourire au visage éploré de milliers d'enfants dans le cadre de l'opération humanitaire des Nations unies: Rendre l'espoir.

De telles initiatives d'œuvres individuelles ont suscité la formation d'organisations non gouvernementales (ONG) qui apportent un appui significatif dans le domaine du développement des peuples du tiers-monde. Dans cette option un point paraît de plus en plus clair: pas de développement sans un système de santé optimal et un minimum de paix. C'est dans ce sens que chez nous, il y a 25 ans, les évêques catholiques du Canada fondaient Développement et Paix avec comme premier défi celui de vaincre la faim dans le monde. Le bilan est extrêmement positif, avec plus de 9500 projets de développement répartis dans 70 pays du tiers-monde. Grâce à la contribution de milliers de Canadiens, Développement et Paix est présent partout où les secours d'urgence sont nécessaires et là où les «corridors humanitaires» s'ouvrent en faveur du droit des opprimés et des affamés.

Le docteur Jacques Baillargeon, gastro-entérologue à l'hôpital Notre-Dame, est de retour d'une mission à Libreville au Gabon où il a séjourné en tant que membre du jury du Conseil africain-malgache des études supérieures. Il me dit qu'il a vu cette solidarité française à l'œuvre au quotidien. Il a en effet rencontré plusieurs Québécois,

---

1. Kouchner, B. *Le malheur des autres.* Odile Jacob, 1991.

Français et Belges qui apportent aux Africains leur compétence et leur amour. C'est le cas du docteur Yvan Lessard, cardiologue travaillant à l'hôpital Albert Schweitzer de Lambaréné. Des Québécoises telles que Louise Nadeau et Ghislaine Loembé ont épousé des médecins gabonais (qui ont fait leur cours de médecine au Québec) et participent à de multiples activités sociales. Quant au docteur Marc Deleuze, il pratique une médecine héroïque dans un petit hôpital démuni au centre de la brousse africaine. Tous sont animés d'un esprit d'abnégation et de courage. Ce qui a frappé le docteur Baillargeon, c'est qu'une bonne partie du développement et de la santé sont pris en charge par les ONG et par les communautés religieuses. Nous pouvons contribuer à ce mouvement de solidarité par un échange d'étudiants en médecine, par exemple. Il y a justement un regroupement d'étudiantes et d'étudiants en médecine de l'Université de Montréal qui sont préoccupés par les problèmes de santé dans les pays en voie de développement et ont formé à cette fin le Comité d'action sociale et internationale. Grâce à la générosité du public, cette corporation à but non lucratif permet aux jeunes de réaliser des stages dans ces pays, particulièrement au cours de l'été, et les initient ainsi à la coopération internationale.

Le tiers-monde a besoin de nous pour sortir du marasme économique et de la pauvreté dans lesquels il est noyé. Il ne s'agit pas de donner de son superflu, mais bien d'agir ensemble pour que les pauvres du tiers-monde puissent retrouver leur dignité et réintégrer le cycle de la vie économique normale. Jean-Paul II, dans son encyclique *Centesimus annus*[2], sur le centenaire de l'enseignement social de l'Église, donne des voies de solution basées sur la défense

2. Jean-Paul II. *Centesimus annus.* Lettre encyclique à l'occasion du centenaire de *Rerum novarum.* Typographie polyglotte Vaticane, 1991.

de l'homme et les valeurs qui déterminent notre développement et nos choix. Il met l'accent sur la mobilisation des ressources humaines locales comme l'un des meilleurs moyens pour développer les pays du tiers-monde. C'est par cet effort mondial qu'une meilleure promotion de la santé et de la justice sera obtenue. « La période des Fêtes apporte le coup de pouce de l'espérance », nous dit Bruno Chenu. Il poursuit sa réflexion en mentionnant que « la lucidité de l'analyse doit être relayée par le courage de l'espérance, qui est à la fois la force d'entreprendre et la confiance en l'avenir ». C'est le courage de l'espérance qui nous rendra capable de sauver des milliers de vie qui agonisent en Afrique.

En cette aube d'une nouvelle année, c'est Charles Péguy qui nous garde émerveillés en disant : « La foi que j'aime le mieux, dit Dieu, c'est l'espérance. »

Le secret médical et le code d'éthique médicale

L'ANNONCE, AU COURS DES DERNIÈRES SEMAINES, DE LA MALA-DIE DU PREMIER MINISTRE ROBERT BOURASSA AINSI QUE DE CELLE DU CÉLÈBRE JOUEUR DE HOCKEY MARIO LEMIEUX A ÉBRANLÉ LA POPULATION, LES MALADES ATTEINTS DE CANCER ET, PAR-DESSUS TOUT, LES PERSONNES CONCERNÉES ET LEURS FAMILLES.

Dans chaque cas, les médias ont voulu, à la vitesse de la lumière, informer le public d'une façon claire, réelle et objective de la nature du cancer et de sa gravité, des méthodes de diagnostic, du traitement et du pronostic ou espérance de vie. D'autre part, à cause de certaines «spéculations», le docteur Augustin Roy, président de la Corporation des médecins du Québec, a rappelé aux médecins qui participent à l'information de faire preuve de compassion et de sympathie à l'endroit du malade et a fait appel à la retenue.

Un journaliste m'a demandé mon opinion au sujet de ce débat et s'il devait y avoir une limite à l'information médicale fournie par les médecins et présentée au public.

Dans l'exercice de leur profession, les médecins suivent un code d'éthique médicale ou déontologie dont les principes et la tradition remontent au serment d'Hippocrate, il y a

2500 ans. C'est ainsi que, en vertu du contrat moral de confiance et de respect qui s'établit entre le médecin et son patient, tout médecin traitant est tenu de ne pas divulguer une information médicale sur son patient, sauf s'il a sa permission ou s'il a une obligation légale, dans certaines maladies précises, d'en faire la déclaration aux autorités compétentes. C'est ce qu'on appelle le secret médical. Dans les deux cas mentionnés, ce sont justement les médecins traitants qui ont officiellement émis des communiqués de presse. Cela a immédiatement ouvert la porte à une série d'entrevues de la part des médias avec le monde médical dans le but d'informer et de satisfaire le droit de savoir du public.

Deux éléments sont toutefois nécessaires aux collègues qui commentent une information médicale, particulièrement quand il s'agit du pronostic sérieux d'un malade spécifique: la compétence professionnelle et la connaissance approfondie du dossier médical. Ce dernier est habituellement confidentiel et relève du médecin traitant. J'ajouterai un troisième élément qui fait partie de notre vocation humaine et qui rejoint les précisions apportées par le docteur Roy: «Oui, nous devons faire preuve de compassion et de sympathie à l'endroit de tous les malades.»

À ce sujet, certaines facultés de médecine aux États-Unis ont révisé leur cursus pour apporter une solution à la plainte la plus universelle concernant les médecins modernes: le peu de compassion dans une médecine de haute technologie. C'est ainsi que les étudiants en médecine reçoivent un cours où ils apprennent ce que c'est que d'être malade, en interprétant le rôle d'un patient et en passant par toutes les difficultés auxquelles ils sont soumis. Après une telle expérience, les étudiants changent réellement leur attitude de compréhension et de sympathie vis-à-vis des malades[1].

---

1. Toufexis, A. «A lesson in compassion». *Time,* 23 décembre 1991, p. 58.

D'autre part, la question du secret médical se pose aujourd'hui dans des domaines radicalement nouveaux tels que le sida, les tests génétiques et les gènes de susceptibilité aux différentes maladies. Comment respecter alors la confidentialité? Le professeur Axel Kahn, généticien, dit à ce sujet: «Chaque fois qu'on a créé de nouveaux outils, ils peuvent être utilisés pour le mal comme pour le bien de l'humanité. On peut normalement espérer que l'effort consenti pour développer les nouveaux outils de la génétique va donner à l'homme un niveau supérieur de conscience.»

Et qu'en est-il du devoir de la presse et de ce qu'elle doit dire ou écrire? Je n'ai pas la compétence nécessaire pour émettre des suggestions à mes amis les journalistes. Je les renverrais cependant à l'excellent livre de François-Henri de Virieu, *La médiacratie*[2], et particulièrement au dernier chapitre «La nouvelle frontière du devoir de vérité».

De Virieu nous dit que le devoir d'informer n'a pour l'instant qu'une seule frontière: celle que les journalistes eux-mêmes s'imposent spontanément. Est-ce suffisant ou est-ce que les journalistes accepteraient comme les médecins de se créer un code d'éthique tout en gardant à la presse toute sa liberté?

Je suis persuadé que si le médecin et le journaliste se dotent d'une déontologie qui correspond à notre monde moderne, le public en sera le plus grand bénéficiaire.

---

2. De Virieu, F.-H. *La médiacratie*. Flammarion, 1990.

14 mars 1993

Pour des soins
plus humains

LORS DES JOURNÉES D'ÉTUDE TENUES RÉCEMMENT À
MONTRÉAL SUR L'INFECTION À VIH ET LE SIDA, LE DOCTEUR
JEAN ROBERT A SOULIGNÉ QUE SI LE SIDA EST UN GRAND
RÉVÉLATEUR DE DÉVOUEMENT, IL EST ÉGALEMENT RÉVÉLA-
TEUR DE MÉCHANCETÉ ET DE MÉPRIS.

Nous apprenons ainsi, entre autres, que l'engagement des
professionnels de la santé dans ce domaine demeure res-
treint. Selon le docteur Réjean Thomas de la Clinique
l'Actuel, 25 % des médecins refusent de soigner un patient
séropositif, et plusieurs étudiants en médecine choisissent
des spécialités où ils n'auront pas à s'occuper des cas de
sida. Il estime que, en tant que professionnels, c'est l'être
humain qui doit nous intéresser, pas seulement l'homme
blanc hétérosexuel affecté de problèmes cardiaques, diges-
tifs, de maladies nobles; c'est l'être humain global, le corps
vécu avec sa souffrance, son environnement social, et pas
seulement le corps-objet, le corps biomédical. Il nous faut de
tels discours pour nous faire sortir de notre torpeur rési-
gnée et nous engager dans un mouvement de solidarité
pour démythifier le sida et créer un climat social accueillant.

Nous devons apprendre à nos collègues saisis de frayeur et
d'inquiétude et qui refusent de traiter un sidéen que « nous
courons plus de risques de mourir au volant de notre
voiture que de contracter le sida en soignant des

malades [1] ». En effet, il n'y a eu dans le monde que 28 cas, selon le Center for Disease Control, de professionnels qui ont été contaminés accidentellement par du sang dans le cadre de leur travail.

Selon le docteur David Roy, directeur du Centre de bio-éthique à l'Institut de recherches cliniques de Montréal, le Centre québécois de coordination sur le sida a publié dans son rapport d'octobre 1991 les recommandations éthiques et légales à ce sujet. Elles rappellent que les médecins, les chirurgiens, les infirmières et tous les professionnels de la santé ont le devoir éthique, professionnel et légal de soigner avec compétence et humanisme les personnes séropositives et celles atteintes par le sida. Vu que le risque d'être contaminé accidentellement est minime, 3 sur 1000 comparativement à 270 sur 1000 pour l'hépatite B, il n'est pas vrai que les professionnels ont besoin d'un haut degré d'héroïsme et de courage pour soigner ces malades. Il y a cependant certaines précautions à prendre pour maintenir le risque au minimum. Un chirurgien n'agit donc pas selon le code de déontologie quand il refuse une chirurgie élective à une personne séropositive. Pour le docteur Roy, un tel refus n'est pas simplement relié à une frayeur de contracter l'infection, mais provient probablement aussi d'une attitude négative préjudiciable à ces personnes. Ce sont de telles attitudes qui empiètent sur le développement d'une relation de confiance entre le médecin et son patient.

Notre mission est donc de soutenir, d'accueillir, de soulager, de soigner et de réconforter le malade, et non de le juger. C'est en agissant ainsi que nous redécouvrirons quotidiennement la dimension humaine de notre profession. Tout au long de l'histoire, plusieurs médecins ont été les héros du cœur qui ont donné leur vie pour apaiser les

---

1. Vincelette, J. Colloque à l'occasion de la Journée mondiale du sida. Montréal, 1er décembre 1992.

souffrances des autres. Bien souvent, ce sont ces modèles et ce désir de compatir à la misère du monde qui nous ont poussés à étudier la médecine durant des nuits interminables et à sacrifier ensuite une partie de notre vie personnelle. Alors, pourquoi soudainement tergiverser face à des standards naturels d'humanité? Pourquoi oublier son idéal de jeunesse et que «la plus grande preuve d'amour, c'est de donner sa vie pour ceux qu'on aime»?

La bioéthique : une nécessité

LORS DE LA PREMIÈRE RÉUNION DU COMITÉ INTERNATIONAL DE BIOÉTHIQUE, TENUE À PARIS LE 15 SEPTEMBRE 1993, SOUS L'ÉGIDE DE L'UNESCO (ORGANISATION DES NATIONS UNIES POUR L'ÉDUCATION, LA SCIENCE ET LA CULTURE), LES MEMBRES ONT DÉBATTU LA PERTINENCE D'ÉLABORER UNE DÉCLARATION UNIVERSELLE SUR LA PROTECTION DU GÉNOME HUMAIN, À L'IMAGE DE LA DÉCLARATION DES DROITS DE L'HOMME.

Au cours des dernières années, les progrès scientifiques en génétique humaine ont permis la compréhension de plusieurs maladies, la possibilité de les prévenir et de les traiter. Par contre, cela ouvre la porte à des dangers sérieux, notamment la tentation de modifier ou de sélectionner des gènes. Il est donc important de rédiger une convention bioéthique où l'on trouverait des points de repère essentiels au respect des droits et de la dignité de la personne humaine. À ce sujet, la présidente de ce comité, Noëlle Lenoir, mentionne : « On assiste, actuellement, pour des raisons scientifiques et médicales, à l'instrumentalisation croissante du corps humain. À une époque où l'on peut exploiter des éléments comme le sang, le sperme, les tissus, les organes, le droit est conçu pour veiller à ce que le corps reste sacré[1]. »

---

1. Badou, G., et Simonnet, D. « Entretien avec Noëlle Lenoir : non au marché humain ». *L'Express,* 27 mai 1993.

Qu'est-ce que la bioéthique? Sommairement, c'est l'étude de l'interface entre la biologie et la morale. La définition détaillée du professeur Jean Bernard de l'Académie française nous révèle cependant une dimension plus profonde: «La bioéthique, c'est d'abord une double rigueur: la rigueur glacée de la science et la rigueur rigide de la morale. Mais c'est aussi, alliées à ces rigueurs, la chaleur de la vie, la profondeur de la réflexion. La chaleur, la profondeur d'une discipline tout entière inspirée par l'espoir de limiter cette souffrance humaine toujours présente autour des questions posées, tout entière inspirée par l'amour du prochain[2].» Jean Bernard s'est toujours préoccupé de «l'absence totale de progrès de la sagesse face aux prodigieux progrès de la science et de la haute technologie». Cette inquiétude est maintenant au cœur du débat et de la réflexion bioéthiques entrepris par l'Unesco, sous l'effet de la révolution génétique. Selon Noëlle Lenoir, cette réflexion oscille entre l'institution de nouvelles règles d'éthique pour les médecins et les chercheurs, recommandées par un comité d'experts et la rédaction d'une entente contractuelle privilégiant la notion de consentement «libre et éclairé».

Cette préoccupation grandissante vis-à-vis les problèmes de la bioéthique a incité *L'Actualité médicale* à mener une enquête auprès des médecins. La question posée était la suivante: «Quel est le problème éthique qui, selon vous, sera le problème majeur de l'an 2000?» Les deux problèmes le plus fréquemment cités sont les manipulations génétiques et l'euthanasie. Ils sont suivis par les problèmes reliés à l'avortement, au contrôle des dépenses de santé, aux nouvelles techniques de reproduction et au vieillissement de la population. Selon plusieurs médecins qui ont participé à cette enquête, les choix de société et les choix

---

2. Bernard, J. *De la biologie à l'éthique. Nouveaux pouvoirs de la science et nouveaux devoirs de l'homme.* Buchet-Chastel, Paris, 1990.

politiques n'ont pas encore été faits. D'après le docteur Daniel Barolet, « ce n'est pas un organisme ou une corporation qui doit avoir toute la responsabilité de tracer des directives médico-légales à ce sujet. Il faut une concertation de plusieurs intervenants pour trouver des solutions pour les générations futures [3]. »

Jean-Paul II, qui n'a cessé tout au long de son pontificat de nous rappeler la qualité éthique de l'agir humain et la gravité de la crise morale qui perdure dans notre société, rendra publique au cours de la prochaine semaine une encyclique sur l'éthique et la morale intitulée *Veritatis splendor (La splendeur de la Vérité)*. Des « fuites » ont déjà été publiées à la une des grands quotidiens et magazines internationaux. Ce qui demeure certain, c'est que les prescriptions éthiques de l'Écriture sont toutes centrées sur l'amour.

---

3. « Enquête sur le problème éthique majeur de l'an 2000 ». *L'Actualité médicale,* 25 août 1993.

Qu'en est-il de la santé morale?

LA BIOÉTHIQUE EST DEVENUE UNE NÉCESSITÉ DANS LE MONDE DE LA SANTÉ, SON OBJECTIF ÉTANT PRINCIPALEMENT DE SUSCITER UNE RÉFLEXION MORALE DANS LE DÉDALE DES EXPÉRIENCES SCIENTIFIQUES.

En effet, face à des enjeux sans cesse plus troublants comme les manipulations génétiques et l'euthanasie, notre société moderne est en quête de nouveaux repères moraux. Or, le paradoxe est à son comble! D'un côté, il y a cette exigence d'éthique face aux incroyables ouvertures de la haute technologie en biologie médicale; de l'autre, il y a une crise morale, en l'absence de norme reconnue en ce domaine.

Dans son encyclique *La splendeur de la Vérité* qui vient d'être publiée, Jean-Paul II apporte une solution à la crise morale: la vérité sur le bien et le mal. En ce qui a trait à la bioéthique, trois convictions fondamentales ont retenu mon attention: la dépendance de la liberté par rapport à la vérité, la liberté de conscience et les fondements de l'obligation morale.

Pour la personne moderne, la vérité est à faire, au quotidien, en cherchant à discerner la meilleure solution dans un univers complexe. Par contre, selon Jean-Paul II, la vérité ne dépend pas de notre subjectivité. Elle est Dieu, universelle, et est inscrite dans notre cœur à travers la loi naturelle.

«L'homme tient de son créateur sa raison, sa liberté et sa conscience. C'est donc Dieu qui fonde et qui permet l'indépendance du jugement moral et l'autonomie de choix de l'homme. Il est présent dans sa recherche rationnelle du bien et au cœur de sa conscience quand elle délibère. Dieu n'est donc pas extérieur à notre liberté. Il ne la mutile pas, mais l'éclaire de l'intérieur.» Telle est la pointe du message de l'encyclique[1].

Quant à la liberté, l'encyclique reconnaît qu'elle constitue une acquisition positive de la culture moderne. Elle regrette néanmoins que, «dans certains courants de la pensée moderne, on en est arrivé à exalter la liberté au point d'en faire un absolu, qui serait la source des valeurs[2]».

Qu'en est-il de la deuxième conviction? La conscience n'est certainement pas un mythe... «Le lien qui existe entre la liberté de l'homme et la Loi de Dieu se noue dans le cœur de la personne, c'est-à-dire dans sa conscience morale. [...] [C'est] le sanctuaire de l'homme, le lieu où il est seul avec Dieu et où sa voix se fait entendre[3].» Selon Jean-Paul II, la liberté de conscience n'est jamais une liberté affranchie de la vérité mais elle est toujours et seulement dans la vérité.

La «loi naturelle» est une des expressions qui revient souvent dans *La splendeur de la Vérité*. Bruno Chenu l'explique en ces termes: «Quand on parle de loi naturelle, on évoque l'homme dans sa globalité et dans sa dignité profonde de créature de Dieu. C'est aussi reconnaître la capacité de l'homme à discerner le bien et le mal et à formuler un certain nombre d'exigences fondamentales qui ont valeur universelle. Les expressions les plus connues de la

---

1. Gentil-Bachais, Y. «Deux univers culturels». *La Croix – L'Événement,* 6 octobre 1993.

2. Jean-Paul II. *La splendeur de la Vérité*. Fides, 1993, n° 32, p. 54.

3. *Ibid.,* n° 54-55, p. 88-90.

loi naturelle sont le Décalogue (ou les dix commandements de la Bible) et les droits de l'homme. Il y a donc une sagesse morale qui irrigue toute l'humanité[4]. »

Pour Jean-Paul II, le fondement de l'obligation morale qui préoccupe les bioéthiciens, est claire et double : la loi divine et la loi naturelle, les deux étant dans un accord parfait. À propos de cela, plusieurs philosophes auraient des réserves. Ce à quoi Marcel Neusch pose la question : « Quand les fondements de l'éthique sont ébranlés, comment parvenir à un consensus au sujet des valeurs, sinon par le dialogue[5] ? »

Selon lui, l'encyclique semble prête à entrer dans cette éthique de la discussion. Constatant que de « nombreux moralistes catholiques se rendent compte de la nécessité de trouver des argumentations rationnelles toujours plus cohérentes pour justifier les exigences et fonder les normes de la vie morale », elle reconnaît que « cette recherche est nécessaire, du moment que l'ordre moral fixé par la loi naturelle est accessible à la raison humaine et qu'elle correspond aux exigences du dialogue particulièrement dans les sociétés pluralistes[6]. »

Le professeur Jean-François Mattei, généticien et député chargé du projet de loi sur la bioéthique en France, trouvera certainement dans *La splendeur de la Vérité* matière à réflexion dans les grands principes de référence qu'il veut mettre en lumière, à savoir l'inviolabilité du corps humain et la protection de la vie et de l'enfance dans notre société. Dans ce contexte, la France est en avance sur tous les pays occidentaux.

---

4. Chenu, B. « La loi naturelle ». *La Croix – L'Événement,* 8 octobre 1993.

5. Neusch, M. « Se prêter ou se livrer au dialogue ? » *La Croix – L'Événement,* 7 octobre 1993.

6. Jean-Paul II. *La splendeur de la Vérité.* Fides, 1993, n° 74, p. 117.

Devant un tel exposé complexe en matière morale et bio-éthique, nous pouvons en être effrayés et penser qu'il est difficile à mettre en pratique. Rappelons-nous alors ces deux paroles de Jésus-Christ pleines d'espérance et nous irons de l'avant: «Pour les hommes c'est impossible, mais pour Dieu tout est possible...» «Et voici que je suis avec vous pour toujours, jusqu'à la fin du monde.»

Un homme de cœur et d'esprit

LE 28 OCTOBRE DERNIER, DORIS LUSSIER NOUS QUITTAIT, « POUR ALLER VOIR SI [SON] ÂME EST IMMORTELLE. » ATTEINT D'UN CANCER DE LA PROSTATE DEPUIS CINQ ANS, IL FUT SUIVI TOUT AU LONG DE SA MALADIE PAR SON MÉDECIN TRAITANT, LE DOCTEUR JEAN-PIERRE GUAY, CHEF DU DÉPARTEMENT DE RADIO-ONCOLOGIE À L'HÔPITAL NOTRE-DAME.

Ce dernier m'a expliqué l'évolution du cancer : « Monsieur Lussier fut traité initialement par une radiothérapie localisée à la prostate qui le garda en rémission durant quatre ans. Rapidement, une relation amicale et étroite se tissa entre nous. Pour moi, cela fait partie de l'approche humaine thérapeutique. Quant à Doris, rendu anxieux par sa maladie, il était rassuré par ma présence. Ce n'est qu'au printemps de cette année que fut constatée l'apparition d'une récidive.

« C'est alors, poursuit le docteur Guay, que j'ai tenté un traitement hormonal par blocage androgénique total pour obtenir une deuxième régression du cancer. Doris a pu ainsi jouir d'une rémission partielle durant un certain temps qui fut plein d'espoir... Éventuellement, la maladie reprit le dessus et ce fut le combat âpre et multidisciplinaire pour contrôler la douleur et l'angoisse qu'elle engendre. Tout au long de cette étape difficile, l'équipe des soins palliatifs de Notre-Dame s'est donnée entièrement pour soulager la souffrance du grand-père du Québec, de celui qui disait: «Je fais du bonheur avec tout ce qui m'arrive. C'est ma nourriture spirituelle. Avec l'amour universel et inconditionnel des êtres, l'humour est le seul dogme de ma vie.»

Le docteur Guay poursuit en me disant: «Doris voulait terminer sa vie près de la terre qu'il a tant chérie. En collaboration avec son épouse Lily et son fils Pierre, nous l'avons dirigé à la Maison de la Vallée-du-Richelieu située près du golf du même nom. Il avait, en fait, contribué à la création de cette maison. Là, en pleine nature, une équipe en or du mouvement bénévole Présence-Amis octroie des soins exceptionnels à ceux et celles qui nous quittent.»

Cet homme de cœur et d'esprit, né dans la pauvreté – «on était pauvres comme Job sur son fumier bénissant le Seigneur...» –, nous laisse un héritage spécial d'humour décapant, d'humilité réelle et d'humanisme profond. En lui, il y avait deux personnes qui s'entremêlaient: le père Gédéon qui disait les vérités truculentes au cœur des Québécois et Doris Lussier, le vrai penseur, le philosophe et l'authentique moraliste.

Il avait une foi invincible, et pourtant, quand il en parlait, humblement il disait: «Je n'ai qu'une toute petite foi naturelle, fragile, vacillante, bougonneuse et toujours inquiète. Une foi qui ressemble bien plus à une espérance qu'à une certitude.» Mais l'espérance n'est-elle pas à la fois une supplication et un appel? Comme Péguy, Doris se réfugiait sous le porche d'un mystère: le porche du mystère de la deuxième vertu, l'espérance[1]. Il était fasciné par l'abbé Pierre, le saint Vincent-de-Paul des temps modernes, qui refuse d'accepter le drame des «nouveaux pauvres» et ne

---

1. Péguy, C, *Le porche du mystère de la deuxième vertu*. Gallimard, Paris, 1929.

cesse de répéter qu'il n'y a pas de bonheur durable sans le partage et la solidarité. À ce sujet, Doris Lussier affirmait lors de sa rencontre avec Anne Richer: «L'abbé Pierre, c'est l'incarnation moderne du Christ[2].»

Au cours des dernières années, Doris Lussier consacrait la majorité de son temps à lire, à réfléchir et à distribuer ses billets et ses articles, vraies perles de son expérience de la vie. Il a récemment écrit sur la souffrance et la mort. C'est ainsi qu'il a remis une copie de son article «La souffrance, mystère scandaleux» à son médecin «Jean-Pierre qui s'est penché avec tant de tendresse humaine sur la souffrance des autres».

La solution que suggère Doris est la suivante: «L'espérance malgré tout, l'amour malgré tous, et l'humour à cause de tout.»

Sa prière est celle-ci:

> Frères humains, qui que nous soyons, croyants, agnostiques ou athées, puisque la lumière de nos intelligences n'est pas assez forte pour nous permettre de voir clairement la vérité ici-bas, qu'au moins la chaleur de nos cœurs le soit assez pour nous permettre de cheminer ensemble sur cette terre dans une fraternité qui, nous faisant surmonter nos divergences idéologiques, nous rassemble dans l'amour universel et inconditionnel des humains fragiles que nous sommes tous. Nous ne sommes que nous et pour si peu de temps, pourquoi ne trouverions-nous pas dans la générosité de nos cœurs ce qui manque à la puissance de nos esprits. La seule solution à tous nos problèmes de foi, c'est l'amour.

---

2. Richer, A. - *30 - à la une,* Éditions Internationales Alain Stanké, 1993, p. 149.

Quant à la mort, «elle n'est qu'une petite porte noire qui s'ouvre sur une lumière éternelle. La terre n'est qu'un lieu de passage. La vraie patrie, c'est l'éternité.»

Il rejoint ainsi la pensée de sainte Thérèse de Lisieux et de Jean-Claude Malépart qui tous deux ont dit: «Je ne meurs pas. J'entre dans la vie.»

9 janvier 1994

Le drame des sans-abri

AU COURS DE LA SEMAINE DE NOËL, MONTRÉAL A ATTEINT UN
RECORD DE TEMPÉRATURE FROIDE ACCENTUÉE PAR DES VENTS
VIOLENTS. BIEN AU CHAUD DANS NOS APPARTEMENTS, NOUS
AVONS ÉTÉ POUR LA PLUPART PEU TOUCHÉS PAR CE FROID
SIBÉRIEN.

Ce ne fut cependant pas le cas de 15 000 sans-abri qui
errent dans les rues de Montréal sans un gîte fixe où ils
peuvent reposer leurs corps gelés et endoloris. Cette vague
de froid a obligé plusieurs itinérants à chercher refuge
dans les centres de dépannage de nuit tels que la Maison
du Père ou la Mission Old Brewery. D'autres démunis
recroquevillés dans leur abri d'occasion près des bouches
d'air chaud du centre-ville ont été recueillis par des bénévoles ou la police pour éviter qu'ils ne meurent de froid.

Dans le cadre de la politique de la santé et du bien-être du
gouvernement du Québec, la prévention de l'itinérance
figure comme l'un des objectifs à atteindre d'ici l'an 2002 [1].
Il s'agit d'un véritable drame social qui a particulièrement
pris place à Montréal. À cause de la récession économique,
du chômage et de la pauvreté qui s'installent dans notre
société, de plus en plus de jeunes et de femmes viennent
grossir les rangs des sans-abri qui ne peuvent plus se
payer un logement. Nous ne parlons donc plus uniquement

---

1. Gouvernement du Québec – MSSS. *La politique de la santé et du bien-
être*. Québec, 1992.

des «robineux» d'autrefois. Quant aux statistiques qui mentionnent que 40 % des itinérants souffrent d'une maladie mentale grave[2], elles sont dépassées. Aujourd'hui, l'itinérance chez nous et ailleurs est avant tout un problème de pauvreté. En 1991, d'après Statistique Canada, le seuil de faible revenu était de 29 661 $ pour une famille de 4 personnes. En comparaison, une famille de 2 adultes et de 2 enfants recevant des prestations de base de l'aide sociale obtient 14 340 $ annuellement pour subvenir à ses besoins. Ainsi, une telle famille consacre en moyenne 46 % de ses revenus au logement et 36 % aux autres dépenses fixes et aux urgences; il ne lui reste donc plus que 18 % pour l'alimentation. Or, pour assurer un régime alimentaire adéquat, il faudrait en fait y consacrer 50 % de ce budget[3]. Après ce calcul, on n'est pas étonné devant le rapport du Groupe de travail sur la pauvreté de la Corporation professionnelle des médecins du Québec, qui confirme les liens indéfectibles qui existent entre maladie et pauvreté: «Les études épidémiologiques démontrent hors de tout doute que les taux de mortalité et de morbidité sont nettement plus élevés dans les milieux pauvres et défavorisés. Les pauvres meurent plus jeunes que les riches; la mortalité infantile y est doublée. À l'âge adulte, il y a deux fois plus de maladies cardiovasculaires, de cancers, de maladies respiratoires, d'ulcères gastroduodénaux, d'accidents et de maladies ostéoarticulaires. L'espérance de vie est inférieure de 9 ans chez les résidents des quartiers défavorisés et, si l'on tient compte de la survie sans incapacité, l'écart dépasse 14 ans[4].»

---

2. *Ibid.*

3. Colin, C., Desrosiers, H. *Naître égaux et en santé.* MSSS, Québec, 1989.

4. Groupe de travail sur la pauvreté. «Le médecin et la pauvreté». Corporation professionnelle des médecins du Québec. *Le Bulletin,* 32: 22-24, 1992.

Comment peut-on donc agir pour briser la spirale de la misère et de la souffrance des exclus? Pour cela il faut se tourner vers l'insurgé de tous les mal lotis, l'abbé Pierre, dont la cote de popularité ne cesse de grimper malgré ses 81 ans. Il y a 40 ans, il lançait à Paris son premier appel en faveur de SDF (sans domicile fixe): «Mes amis, au secours! Une femme vient de mourir gelée, serrant sur elle le papier par lequel on l'avait expulsée de son logis. Chaque nuit, ils sont plus de deux mille recroquevillés sous le gel, sans toit, sans pain, plus d'un presque nus. Il faut que ce soir même, dans chaque quartier de Paris, des pancartes s'accrochent sous une lumière, dans la nuit, à la porte des lieux où il y ait couvertures, paille, soupe et où on lise: ‹Centre fraternel de dépannage. Toi qui souffres, qui que tu sois, entre, dors, mange, reprends espoir, ici on t'aime.› Devant leurs frères mourant de misère, une seule volonté doit exister entre hommes: rendre impossible que cela dure. Je vous en prie, aimons-nous assez, tout de suite, pour faire cela[5]...»

Le fondateur d'Emmaüs reste de tous les combats contre l'exclusion. Il est peiné de voir que les hommes et les femmes de bonne volonté ne savent pas ce qu'ils peuvent faire et sont enfermés dans leurs murs de béton. Lors d'une récente entrevue, l'abbé Pierre continue dans son élan passionné: «Les classes moyennes sont muselées par la peur du chômage. Ainsi ceux qui auraient pu agir, parler, se taisent... Il faut se réveiller et construire une société solidaire. La seule solution, c'est de bâtir des logements à prix modiques pour les itinérants[6]...»

Pour humaniser le SDF, il vient de lancer les «boutiques solidarité». Il s'agit d'un lieu-étape de jour où l'itinérant

---

5. Lunel P. *L'abbé Pierre – L'insurgé de Dieu.* Édition n° 1, Stock, Paris, 1989.

6. Julien, C. F. «Le ‹j'accuse› de l'abbé Pierre». *Le Nouvel Observateur,* 23-29 décembre 1993.

peut, un moment, poser à terre son sac de plastique et se réchauffer en buvant un café et en dialoguant avec quelqu'un prêt à l'écouter.

La solution réelle n'est-elle pas d'encourager et de soutenir les organisations privées et les groupes communautaires dans leur aide à la population des itinérants et des exclus? C'est, en tout cas, l'opinion de Pierre Bourdieu, qui a publié le rapport de 22 sociologues intitulé *La misère du monde*, et qui représente le témoignage de ceux qu'on n'écoute jamais... Selon lui, les politiciens ont décroché de la réalité sociale, et l'urgence est de soutenir les fantassins de la société qui sont au front et se sentent abandonnés par les élites[7].

Face à l'énigme de l'impuissance des moyens de l'État, nous nous devons donc de répéter en actes ces paroles de l'abbé Pierre: «Avec tout l'argent du monde, on ne fait pas des hommes... Mais avec des hommes, et qui aiment, on fait tout, y compris l'argent nécessaire!»

---

7. Boudieu, P. *La misère du monde.* Seuil, Paris, 1993.

Le Rambo du cœur [1]

IL Y A DEUX SEMAINES, 40 ANS APRÈS AVOIR LANCÉ SON PRE-MIER CRI D'ALARME DE L'HIVER 1954 QUI AVAIT DÉCLENCHÉ «L'INSURRECTION DE LA BONTÉ» DU PEUPLE FRANÇAIS, L'ABBÉ PIERRE LANÇAIT SUR LES ONDES DE LA RADIO SON DEUXIÈME APPEL EN FAVEUR DES EXCLUS ET DES SANS-LOGIS DE LA SOCIÉTÉ.

«Mes amis, réveillons-nous! Assez d'indifférence! C'est la guerre! La guerre de défense contre la misère attaquant l'univers total des hommes... En Europe, 40 millions de personnes vivent en dessous du seuil de la pauvreté. Des générations de jeunes sont laissées à l'abandon, sans espoir de logement, sans projet, sans avenir... Faut-il attendre des catastrophes bien visibles, bien filmées, pour se mobiliser? Que celles et ceux qui agiront, mettent en commun leurs luttes et leurs avancées, et fortifient leur détermination de faire que soient partout servis premiers les moins puissants. Mes amis et compagnons d'Emmaüs de France, et bien d'autres, prendront le relais, soyez-en sûrs, pour vous harceler jusqu'à ce que la joie de vivre puisse renaître pour tous [2].»

Emmaüs est né en 1949, quand un prêtre hors normes rencontre Georges, un ancien bagnard qui tentait de se

---

1. Gilbert, G. «Lettre ouverte à l'abbé Pierre» - Série disque *Éclats de voix*. Emmaüs international, 1993.
2. Reuter (Paris). «L'abbé Pierre reprend 40 ans plus tard son plaidoyer en faveur des sans-logis». *La Presse*, 2 février 1994.

suicider. Après l'avoir secouru, l'abbé Pierre lui pose cette simple question : « Je n'ai rien de plus à t'offrir, mais si tu veux, pourrais-tu me donner ton aide pour aider les autres ? » Du coup, Georges acquiesce et retrouve une raison de vivre. Ce n'est que plus tard que l'abbé Pierre commente cet épisode en disant : « Le pauvre n'accepte plus la charité au sens classique du mot. Il faut s'identifier à lui sinon il est blessé, car il ne sait pas son éminente dignité, et c'est là qu'Emmaüs est de notre temps... Notre message : affirmer que le premier fondement de la paix est la justice, justice internationale et justice sociale, qui ne sauraient s'accomplir sans que quelques-uns aient assez d'amour pour participer volontairement à la condition de ceux qui souffrent le plus. »

Très rapidement après son fameux appel du 1er février 1954 : « Mes amis, au secours [3] !... », il devient la voix des personnes sans voix. Il ne cesse alors de parcourir le monde, malgré sa santé chétive, pour éveiller les consciences et implanter un peu partout des communautés d'Emmaüs.

Lors d'un de ses passages à Montréal, l'abbé Pierre avait été invité par l'ancien maire Drapeau pour parler des pauvres aux travailleurs sociaux de la ville. Or, il avait vu arriver des prélats dans des Buick. Avec son franc-parler, il ne put s'empêcher de leur dire cette vérité : « Est-ce que vous ne croyez pas qu'une partie des malheurs du monde tient à ce que les fidèles aisés s'ingénient à assurer leur clergé des conditions de vie suffisamment semblables aux leurs pour être tranquilles ? Pour que des pages entières de l'Évangile ne soient plus annoncées ? » Cela avait créé un remue-ménage et une division parmi les fidèles. Cela n'avait pas empêché le cardinal Léger de l'inviter à revenir un an après et de lui dire : « Vous avez été la cause de la plus

---

3. *Cf.* « Le drame des sans-abri », p. 166.

cruelle des épreuves de ma vie sacerdotale, mais je vous demande de continuer[4]. »

L'abbé Pierre s'intéresse de plus en plus aux changements mondiaux qui bouleversent notre manière de vivre. Quand il rencontra Albert Einstein à Princeton, celui-ci lui affirma que nous devions nous attendre à deux autres explosions plus redoutables que la bombe atomique : l'explosion démographique où, en l'an 2025, nous serons près de huit milliards et demi d'humains sur la Terre ; et l'explosion psychique. C'est l'explosion de la connaissance où tout le monde sait tout. Toutefois, quand la terre tremblait, il fallait attendre que des navigateurs en reviennent pour nous le raconter. Mais nous, aujourd'hui, nous entendons la nouvelle dans notre voiture au moment où cela se produit. L'humanité est devenue un village[5]...

Et aujourd'hui, au crépuscule de sa vie, âgé de 81 ans, l'abbé Pierre continue à se battre et vient de publier son *Testament*[6]. C'est un livre provocateur qui nous enseigne la persévérance, le refus du désespoir et nous fait sortir de notre torpeur.

---

4. Abbé Pierre, Kouchner, B. *Dieu et les hommes*, Robert Laffont, Paris, 1993, p. 68.

5. *Ibid.*, p. 171-189.

6. Abbé Pierre. *Testament*. Bayard Éditions, Paris, 1994.

17 avril 1994

Le bénévolat
à son meilleur

C'EST CETTE SEMAINE, DU 17 AU 23 AVRIL, QUE SE DÉROULE CHEZ NOUS LA SEMAINE DE L'ACTION BÉNÉVOLE. NOTRE SOCIÉTÉ QUÉBÉCOISE EST RÉPUTÉE POUR ÊTRE GÉNÉREUSE, ET LE BÉNÉVOLAT S'INTÈGRE À PRESQUE TOUTES LES SPHÈRES DES ACTIVITÉS HUMAINES.

Dans le milieu de la santé, cette mission fut initialement confiée à des communautés religieuses qui se penchèrent sur la souffrance humaine et y consacrèrent toute leur vie. Graduellement cependant, dans la foulée de la sécularisation du système de santé, il était impérieux de former un groupe de laïcs prêt à se dévouer avec autant de détachement et en toute gratuité au service du malade.

C'est ainsi qu'en 1952 madame Cécile McDougall fondait l'Association des auxiliaires bénévoles des établissements de santé du Québec. Elle compte aujourd'hui 110 associations regroupant 30 500 membres et couvrant 114 hôpitaux et un grand nombre de centres d'accueil. Nous retrouvons les bénévoles un peu partout dans nos centres hospitaliers toujours souriants et accueillants. Ils visitent les malades, les aident à manger, les accompagnent aux différentes cliniques ou à la chapelle s'ils le désirent, leur prodiguant le réconfort d'une présence discrète pleine de compassion et à l'écoute de leur souffrance. La plupart des bénévoles ainsi engagés donnent quelques heures de leur semaine à cette mission, aidant ainsi le malade à atteindre une meilleure qualité de vie physique, psychologique et spirituelle.

Les bénévoles en voie d'extinction

Mais il existe aussi une autre dimension du bénévolat en voie d'extinction : les bénévoles permanents. Je les ai rencontrés lors de ma visite, la semaine passée, au Foyer de Charité. C'est une famille de quelque 60 résidents, soit 20 personnes handicapées et 40 bénévoles permanents qui cherchent à donner un sens à leur vie en pratiquant la fraternité humaine au quotidien.

Cette œuvre fondée par l'abbé Ovila Bélanger en 1951, sous l'égide du cardinal Paul-Émile Léger, pour répondre aux besoins d'une humanité souffrante, a ainsi abrité 5000 personnes handicapées et membres permanents. Alban Aumais, un ancien bénévole, me raconte qu'après le visionnement de la vidéocassette de *La Belle et la Bête,* de Jean Cocteau, un jeune handicapé atteint de dystrophie musculaire a levé sa petite main toute chétive et affaiblie pour prendre la parole et faire le commentaire suivant : « Vous savez, quand on se sent aimé on finit d'être bête. » Quant à Léon, un handicapé mental, voyant Alban gratter la patinoire après le souper, sort lui aussi et lui dit : « J'ai vu que tu étais tout seul, je suis venu t'aider. » Alors d'une voix vibrante, Alban me lance : « Que voulez-vous, quand on est entouré de handicapés qui vous envoient des vérités à tour de bras, on ne peut qu'offrir nos mains dans l'amour avec la confiance dans la Providence. »

À mon arrivée au Foyer, c'était l'heure du déjeuner, et on me demanda bien simplement si je pouvais donner à manger à l'un des handicapés. C'est ainsi que je me suis retrouvé, après la prière, à la salle à manger, donnant à Jacques son repas. Une atmosphère de joie régnait. Au milieu des éclats de rire ou des commentaires, je réalisais soudain que tant les bénévoles que les handicapés étaient habités par une sérénité intérieure. Entre deux bouchées, Jacques me dit avec un sourire malicieux : « Ici c'est l'esprit d'entraide et de collaboration qui prend le dessus sur nos différences. Dans un échange mutuel, chacun apporte quelque chose à l'autre. »

À son tour de recevoir

En sortant de la salle à manger, j'ai rencontré Alberta Deschênes, âgée de 84 ans, dans son fauteuil roulant. Elle est venue au Foyer il y a 41 ans en tant que bénévole. Elle a participé de plein cœur à tous les travaux, et c'est maintenant elle qui reçoit. Je lui ai demandé quel est le secret du Foyer. Elle m'a répondu avec des yeux qui brillent : « C'est l'amour. Ici ce n'est jamais froid, c'est toujours chaud. »

En quittant, j'ai remercié une des responsables des bénévoles, Yvette Labrie. Elle est là depuis 43 ans. Pour elle, le bénévolat permanent est une vocation : « C'est être présent et disponible à effectuer le travail qu'on nous confie. Nous sommes chanceux d'avoir quelque chose à donner à ceux qui souffrent. Quand une jeune handicapée de 20 ans, toute menue, frêle et qui ne pèse qu'une vingtaine de kilos vous dit : ‹ Que c'est beau la vie ›, vous ne pensez plus qu'à continuer à aider. »

Malheureusement, ces bénévoles permanentes avancent en âge, et il apparaît de plus en plus difficile de les remplacer. Face à ce signe des temps modernes, le conseil d'administration a décidé au début de cette année que la vocation du Foyer doit faire l'objet d'une « réorientation » avec un délai de six mois pour relocaliser des handicapés heureux. N'est-ce pas là plutôt le déracinement d'une famille?

Dans son article «Le bénévolat en milieu de santé: y as-tu déjà pensé[1]?», Gérard Blackburn insiste sur l'apprivoisement d'une relation amicale se tissant entre le bénévole et la malade. Il fait l'analogie avec la rencontre entre le renard et le petit prince d'Antoine de Saint-Exupéry. Le petit prince avoue n'avoir pas beaucoup de temps pour répondre à la demande du renard, qui veut que le petit prince l'apprivoise. Mais le renard insiste: «Si tu veux un ami, apprivoise-moi, mais reviens toujours à la même heure pour me voir, lui dit le renard... alors, dès trois heures je commencerai d'être heureux... je découvrirai le prix du bonheur.» Et Blackburn conclut ainsi: «Il faut vite courir rendre heureuses toutes ces personnes qui attendent que je leur apporte une belle bouffée d'air frais, un sourire qui change toute une journée.»

---

1. Blackburn, G. «Le bénévolat en milieu de santé: y as-tu déjà pensé?» *Lumière et paix,* 13, avril 1993, p. 21-22.

Les héros
de l'aide humanitaire

NOUS SOMMES SOUVENT MOROSES, CAR UN PEU PARTOUT ON
NOUS DRESSE UN TABLEAU SOMBRE DE NOTRE SOCIÉTÉ
MODERNE. ELLE EST EN MAL D'ESPÉRANCE, ET LES HOMMES ET
LES FEMMES FONT « LA GRÈVE DE L'IDÉAL ».

Ce n'est pourtant pas le cas de ceux et celles qui travaillent
dans le domaine de l'aide humanitaire ou qui sont atteints
des fléaux de nos temps modernes : le sida et le cancer. La
maladie grave entrouvre une fenêtre spéciale de notre vie
intérieure qui libère l'amour enfoui en nous et est un appel
aux vraies valeurs [1]. Bien souvent, ces malades choisissent
de donner un sens à leur quotidien.

C'est ainsi que nous avons appris par la télévision et la
presse qu'un jeune Français, Marc Vaiter, atteint du sida,
est l'un des tout derniers Européens à avoir refusé de quitter Kigali, la capitale du Rwanda. Après avoir mené une
existence insouciante dans la banlieue parisienne, Marc
apprend lors d'un terrible accident de la route qu'il est
séropositif. Au terme d'une longue errance, il a trouvé la
foi et a décidé, il y a un an, de s'installer en Afrique pour
donner un sens à sa vie. À l'éclatement de la guerre civile
au Rwanda, il s'est porté au secours de dizaines d'enfants
orphelins qu'il a placés sous son héroïque protection.

---

1. *Cf.* « Foi chrétienne et discernement éthique... », p. 211.

Chargé d'une centaine d'enfants, il vient de lancer un appel pathétique pour que le gouvernement français organise une mission d'évacuation. Il n'a comme armes dans son orphelinat de quatre pièces exiguës que son courage, sa détermination et cette phrase de l'Évangile qu'il a écrite sur le mur : «Ce qui est impossible pour l'homme est possible pour Dieu.» Grâce à son ingéniosité, ses petits protégés savent «encore sourire au cœur de l'enfer». Dans la cour de l'orphelinat, les bambins s'accrochent à lui pour lui demander si «c'est aujourd'hui qu'on s'en va» dans un pays où on ne tue pas les enfants [2]...

Un peu plus loin en Ouganda, le docteur Lucille Teasdale, une chirurgienne québécoise, continue à sauver quotidiennement des dizaines de vies. Elle s'est installée en pleine brousse africaine avec son époux il y a une trentaine d'années et n'a cessé de prodiguer ses soins de 12 à 14 heures par jour, 7 jours par semaine. C'est l'inlassable «Dr Schweitzer des Ougandais». Au cours des années 1980, quand de terribles guerres interethniques ont ensanglanté le pays, elle a sauvé des centaines de blessés, des soldats pour la plupart. Elle ne juge pas, car pour le docteur Teasdale aussi «il n'y a pas de bons ou de mauvais blessés». C'est ainsi qu'en opérant des blessures mortelles et en enlevant les obus et les fragments d'os pointus, elle s'est blessée aux doigts à plusieurs reprises. À cause de ces actes d'héroïsme, elle est aussi atteinte du sida comme 1,5 million d'Ougandais. Cela ne l'empêche pas de continuer à recevoir des patients à la clinique de l'hôpital qu'elle a bâti pour les pauvres. Au cours d'une entrevue réalisée sous un ciel étoilé, elle dit : «Quand j'étais jeune, on s'enthousiasmait encore pour les gens qui se dévouaient pour les autres. Aujourd'hui, cela n'impressionne plus [3].»

---

2. Peyrard, M. «Rwanda. Le S.O.S. de Marc Vaiter». *Paris-Match,* 9 juin 1994.

3. Arseneault, M. «Il est minuit Dr Teasdale». *L'Actualité,* 15 juin 1994.

La grande dame de l'Unicef (Fonds des Nations unies pour l'enfance), l'ancienne actrice Audrey Hepburn, continuait ses missions humanitaires en Somalie, malgré un cancer avancé du côlon. Elle considérait ses missions pour l'Unicef comme les plus beaux moments de sa vie. Elle avait confiance en l'humanité et prétendait que les gens deviennent généreux lorsqu'ils sont informés et se sentent touchés.

Quant à Jean-François Deniau, diplomate français académicien, il continue à faire le tour du monde et à s'engager dans des missions humanitaires malgré qu'il soit atteint d'un cancer pulmonaire. Pour cet homme politique, qui n'a cessé de manifester son courage au cours de ses enquêtes dans des zones non sécuritaires, l'aide humanitaire, c'est d'assister ceux qui souffrent où qu'ils soient, loin ou près de chez nous. Cela suppose la compassion. Il déplore que «notre monde manque dramatiquement d'âme». «Il faut avoir un idéal, ajoute-t-il, sinon on reste englué dans la réalité[4].»

Notre espérance, c'est que ces témoignages d'amour, de solidarité et de courage continueront à se perpétuer dans les quatre coins du monde. Un jour viendra où l'humanité, envers et contre tout, noiera le mal dans l'abondance du bien...

---

4. Deniau, J.-F. «À la radio. La vie se dirige à l'ouïe». *Le Figaro*, 1er janvier 1994.

4 février 1996

L'éthique du secret médical

UNE SEMAINE APRÈS LE DÉCÈS DU PRÉSIDENT FRANÇOIS
MITTERRAND, SON MÉDECIN PERSONNEL, CLAUDE GUBLER,
DANS UN LIVRE-DOCUMENT INTITULÉ LE GRAND SECRET, FAIT
DES RÉVÉLATIONS CONFIDENTIELLES SUR LA MALADIE CANCÉ-
REUSE DONT SOUFFRAIT L'ANCIEN CHEF D'ÉTAT.

Il indique notamment que François Mitterrand avait un
cancer de la prostate disséminé dans les os depuis 1981.
Cette nouvelle n'avait cependant été rendue publique qu'en
septembre 1992. La famille du défunt a réagi rapidement,
déposant une plainte contre le docteur Gubler pour viola-
tion du secret professionnel et demandant d'interdire la
diffusion du livre, ce qui fut accordé par le Tribunal de
Paris.

Le jugement rappelle la hiérarchie des principes de la vie
en société : un médecin ne publie pas un livre sur ses
malades ; il aggrave son cas s'il le fait quelques heures
après le décès de celui qu'il soigna ; le droit au respect de la
vie privée est supérieur au droit à la liberté d'expression[1].

D'autre part, le médecin s'est attiré les foudres de ses
confrères et il est poursuivi par l'ordre des médecins pour
sa dérogation aux principes élémentaires du code de déon-

---

1. Frappat, B. « La hiérarchie des droits ». La Croix – L'Événement,
   20 janvier 1996.

tologie médicale. Quant aux citoyens français, ils l'ont majoritairement désavoué dans un récent sondage : ce qui les choque, bien plus que le mensonge d'État ou la duplicité d'un homme malade au faîte du pouvoir, c'est la trahison de celui qui le soigne. La morale, la loi et l'opinion s'accordent : pour le médecin, le silence est une obligation absolue[2].

Dans l'exercice de leur profession, les médecins suivent donc un code d'éthique médicale dont les principes et la tradition remontent au serment d'Hippocrate, il y a 2500 ans. C'est ainsi que, en vertu du contrat moral de confiance et de respect qui s'établit entre le médecin et son malade, tout médecin traitant est tenu de ne pas divulguer une information médicale sur son patient, sauf s'il a sa permission.

À ce sujet, le docteur Claude Mercure, syndic par intérim au Collège des médecins du Québec, me fait remarquer que, dans certaines situations précises, le médecin peut être délié du secret professionnel dans le cadre des règlements de déontologie : « Le médecin peut cependant divulguer les faits dont il a eu personnellement connaissance, lorsque le patient ou la loi l'y autorise, lorsqu'il y a une raison impérative et juste ayant trait à la santé du patient ou de son entourage. »

Par contre, cette brèche dans le secret professionnel n'existe pas dans la loi médicale ou dans le code des professions : « Le professionnel doit respecter le secret de tout renseignement de nature confidentielle qui vient à sa connaissance dans l'exercice de sa profession. Il ne peut être relevé du secret professionnel qu'avec l'autorisation de son client ou lorsque la loi l'ordonne[3]. »

2. Ockrent, C. « Tabous et censure ». *L'Express,* 25 janvier 1996.

3. Collège des médecins du Québec. *Recueil des lois et règlements.* Secret professionnel : Loi médicale 42, Code des Professions 60.4 et règlements de déontologie 3.04. Québec, mai 1995.

Dans tout ce dévoilement de secrets, une autre polémique, cette fois-ci autour des bulletins de santé du président français, a soulevé, là encore, un problème d'éthique. Ces bulletins, contrairement aux certificats médicaux, ne contiennent que ce que le patient veut bien y mettre. Ils ont toutefois tous été signés par le médecin traitant, le docteur Gubler. Le mensonge dans ces bulletins était surtout par omission : « L'examen clinique est satisfaisant... » ou bien : « Le président est en bon état de santé... »

La raison d'État justifie-t-elle le mensonge ? Un médecin auquel on demande de signer de faux communiqués doit-il s'y soumettre ? Nos règlements du code de déontologie médicale sont bien clairs à ce sujet : « Le médecin doit s'abstenir de délivrer à quiconque et pour quelque motif que ce soit un certificat de complaisance ou des documents contenant de faux renseignements. »

Mais au-delà de la clarté de ce règlement, n'y a-t-il pas aussi la volonté du malade ? Si la volonté du patient est de masquer la réalité de sa maladie pour vivre d'espoir, son médecin a-t-il le droit de le dénigrer ? Qu'en est-il des relations entre le malade et celui qui le soigne ?

Plusieurs études ont démontré que le soutien psychologique et un bon moral augmentent sensiblement la durée et la qualité de vie des malades atteints du cancer. Écoutons à ce sujet, Jean-François Deniau, académicien, député et ancien ministre français. Le baroudeur des droits de l'homme vient, à 67 ans, de traverser l'Atlantique en solitaire. Il a ainsi transformé un geste qui semble fou en acte d'espoir. Et pourtant, il est atteint du cancer du poumon et a subi récemment un triple pontage coronarien : « La volonté du malade peut être un facteur de survie et de répit. Pour un malade, avoir un objectif, un but, une passion, une mission à remplir ne remplace pas tout, mais aide beaucoup. Cet été, quand j'ai été si mal, le fait d'avoir décidé de traverser l'Atlantique à la voile a été un élément de ma survie. Les médecins qui m'ont sauvé considèrent que cette volonté que j'ai eue les a aidés dans mon cas...» Il déplore que «notre monde manque dramatiquement d'âme». «Il faut avoir un idéal, ajoute-t-il, sinon, on reste englué dans la réalité.»

Pour un meilleur contrat de santé Nord-Sud

L'AVENTURE HUMANITAIRE RESTE LA PLUS GRANDE AVENTURE DES TEMPS MODERNES.

Si la crise du Biafra en 1969 a marqué le point de départ des actions humanitaires internationales modernes, c'est réellement en Éthiopie en 1985 qu'est née l'action humanitaire à grand spectacle : simultanément à Wembley et à Philadelphie, les plus grandes stars du rock chantaient *We Are the World* contre la famine en Éthiopie, devant deux milliards de téléspectateurs. Recette : 80 millions de dollars destinés au sauvetage de l'Éthiopie, alors ravagée par une famine sans précédent.

Dans leur récent livre *Les médias et l'humanitaire,* les auteurs, Rony Brauman, de Médecins sans frontières, et René Backmann, journaliste, montrent comment cette mise en scène de l'aide aux populations en détresse peut conduire à masquer les causes de leur malheur. Ainsi, en Éthiopie, après le succès initial occasionné par la solidarité émotionnelle internationale, des milliers d'Éthiopiens allaient subséquemment mourir parce que leur gouvernement utilisait l'aide internationale pour organiser de mortels déplacements de populations à des fins politico-stratégiques[1]. Ces rapports fructueux mais ambigus de

---

1. Schosser, F. « Humanitaire : la machine à illusions ». *Le Nouvel Observateur,* 21 mars 1996.

l'action humanitaire et de la presse se sont étonnamment maintenus pour les drames humains qui ont suivi : Cambodge, Afghanistan, Somalie, Bosnie, Rwanda...

Devant de telles catastrophes, les États et les organisations non gouvernementales (ONG) ont lancé un appel pressant pour le retour d'une saine globalité de l'action humanitaire. Ainsi, le Comité international de la Croix-Rouge (CICR) a confirmé d'une part ses quatre objectifs majeurs, à savoir : visiter les personnes privées de liberté ; secourir les victimes par une assistance médicale ; secourir les populations civiles en leur apportant l'aide nécessaire ; et finalement rechercher les personnes disparues, assurer l'échange de messages familiaux, organiser des réunions de familles et des rapatriements. Mais le CICR a décidé, d'autre part, de prioriser une meilleure participation à l'éducation de la population, pour favoriser une culture de la non-violence. Afin que le respect de la dignité humaine soit « la » valeur éthique fondamentale.

Le leitmotiv est donc de lier l'action d'urgence et l'action à long terme. Plusieurs ONG souhaitent dans ce sens contribuer à prévenir les catastrophes humaines. « Développement, il y a urgence » est devenu le mot d'ordre de l'axe de coopération Nord-Sud.

C'est dans le domaine de la santé que des progrès réels ont été accomplis, comme cela a été récemment mis en évidence lors de la Semaine du développement international. L'exemple frappant est celui de la rougeole. Il y a 10 ans, 75 millions d'enfants étaient atteints de la rougeole annuellement et 2,5 millions d'entre eux en mouraient. Face à ce problème gigantesque, l'Organisation mondiale de la santé a lancé une vaste initiative visant à vacciner 90 % des enfants du monde contre 6 maladies infectieuses communes, soit la diphtérie, la coqueluche, le tétanos, la poliomyélite, la rougeole et la tuberculose.

Un immense travail a été accompli grâce à une coordination concertée des pays en développement et des pays industrialisés par l'aide multilatérale et l'apport de nombreuses ONG. Aujourd'hui, le nombre de cas de rougeole a été ramené à environ 25 millions et celui des décès aux alentours d'un million par an. Toutefois, on a vite constaté que même si des millions de vies d'enfants n'étaient plus menacées par les six infections ciblées, elles l'étaient toujours par d'autres maux, comme la malnutrition, la diarrhée et les autres infections.

Médecins sans frontières vient justement d'envoyer une cinquantaine de volontaires pour vacciner des milliers de Nigérians menacés par la méningite et le choléra. Par-delà, l'association a réussi à convaincre les autorités locales qu'il fallait interdire les départs en pèlerinage pour La Mecque – où la contamination eut été foudroyante[2].

Pour un nouveau contrat de santé Nord-Sud, ne devrions-nous pas faire preuve d'un esprit de solidarité authentique qui, comme le mentionne Jean-Paul II, demande des «renoncements... Ne faudrait-il pas revoir nos comportements de consommateurs, combattre l'hédonisme, nous opposer à l'indifférence et au transfert des responsabilités?»

---

2. Grosser, A. «L'Afrique, continent méprisé?» *La Croix,* 22 mars 1996.

L'humanisation des soins

LA TRANSFORMATION DU RÉSEAU DE LA SANTÉ SUSCITE DE MULTIPLES POINTS D'INTERROGATION ET INQUIÈTE EN PREMIER LIEU LES PERSONNES MALADES.

On parle beaucoup de la redéfinition de la mission de chacun des centres hospitaliers, du virage ambulatoire et de la complémentarité à assurer avec les CLSC, les centres d'hébergement, etc. Notre société est aussi interpellée par les contrecoups de cette transformation du réseau, notamment les mises à pied et la réduction du personnel hospitalier.

Mais qu'en est-il de l'humanisation des soins dans tout ce chambardement? L'humanisation, c'est cette touche spéciale qui permet d'aller au-delà des structures et de la haute technologie pour rejoindre l'essentiel de la personne malade et son besoin d'espoir, de confiance, d'accompagnement et d'amour. Le rôle primordial des intervenants de la santé est justement de se pencher sur le patient pour le soulager, le réconforter et le guérir si possible. D'où la notion de services spécifiques à donner.

Le docteur Paul Casavant s'exprime ainsi sur cette notion: «Si l'on perd la dimension de service dans les soins aux malades, on vient de déshumaniser l'acte que l'on pose. Ainsi, pour une véritable humanisation en milieux de santé, il faudrait donner la notion et la pratique du service dans nos interventions. Pour rendre vraiment service dans toute son amplitude, il faut se rappeler que l'être humain a des besoins situés dans trois zones de lui-même : soit des besoins physiques, des besoins psychiques aussi bien que des besoins spirituels[1]... »

Sur ces derniers besoins, il faut se rappeler que si la maladie nous humilie et s'accompagne souvent d'une détresse psychologique, elle nous fait aussi réfléchir sur le sens réel de notre existence. Elle entrouvre ainsi une fenêtre spéciale de notre vie intérieure qui libère l'amour enfoui en nous et est un appel aux vraies valeurs. C'est l'irruption de la dimension spirituelle.

À ce sujet, le cardinal Jean-Claude Turcotte, lors d'une conférence à l'hôpital Notre-Dame, a mentionné « qu'il y a dans notre peuple une soif d'absolu qui n'est pas près de s'éteindre... Ce phénomène est un appel à ne pas séparer la dimension spirituelle de l'ensemble des composantes de la vie humaine. Et quand il s'agit du bien du malade, chaque dimension de sa personne est importante... » Il a enchaîné en disant : « Dans notre travail auprès des patients, il y a bien davantage que les données techniques relatives à l'état de la santé physique. » En ce sens, il nous a encouragés « à intensifier les efforts entrepris pour restaurer une relation humaine authentique à l'intérieur des services professionnels que nous sommes appelés à rendre quotidiennement... Il peut s'agir tout simplement d'écouter et d'orienter la personne malade à mieux assumer la dimension spirituelle de sa vie, dans le respect le plus absolu de ses choix et de son appartenance[2]. » C'est dans cet esprit de solidarité que les membres du Service de la pastorale de la santé côtoient et accompagnent les personnes interpellées par la maladie.

---

1. Casavant, P. « Les exigences d'une véritable humanisation en milieux de santé ». *Lumière et Paix*, vol. 10, décembre 1986.

2. Turcotte, cardinal J.-C. *Le respect de la dimension spirituelle du patient.* Conférence à l'hôpital Notre-Dame, le 25 octobre 1990.

Cependant, l'abbé Robert Dagenais, chef du Service de la pastorale à l'hôpital Notre-Dame, est soucieux du devenir sociospirituel des patients après leur départ de l'hôpital et dans le cadre de la transformation du réseau : « Notre intervention est transitoire, puisqu'elle se greffe sur un épisode de soins aigus. La vie, elle, continue. Qui se chargera de continuer l'accompagnement, de continuer le cheminement, la réflexion après l'épisode de soins aigus ?... La transformation du réseau fera que les CLSC deviendront les premiers lieux de relais après une hospitalisation... L'intervention de l'après-hospitalisation devra s'imaginer à partir de cette vocation nouvelle. Il y a là le défi d'inventer une nouvelle présence... La pastorale auprès des personnes malades serait-elle aussi à la veille d'un virage ambulatoire ? Devrait-elle chercher des nouvelles façons de s'arrimer avec la structure des soins de santé [3] ?... »

À toutes ces interrogations soulevées quant aux exigences d'une véritable humanisation des soins, il ne tient qu'à nous de relever le défi et de dynamiser notre vocation de soignants pour répondre à la soif d'absolu du malade !

---

3. Dagenais, R., et Labarre, G. *La Pastorale de la santé*. Mémoire présenté à la Commission synodale du diocèse de Montréal. Mai 1996.

Le Québec vous aime, monsieur Bourassa !

«GUÉRIR PARFOIS, SOULAGER SOUVENT, RÉCONFORTER TOUJOURS. »

Cette devise, que je mets en pratique depuis le début de ma carrière médicale, m'a motivé d'une part à traiter plusieurs de mes patients selon les dernières données de recherche clinique dans le but d'améliorer leur possibilité de guérison, et m'a incité d'autre part à adopter une approche humaniste dans mes rapports avec mes patients.

Car l'humanisation des soins, c'est bien cette touche spéciale qui permet d'aller au-delà des structures et de la haute technologie pour rejoindre l'essentiel de la personne malade et son besoin d'espoir, de confiance, d'accompagnement et d'amour. C'est aussi cette double mission que j'ai encore ressentie quand monsieur Robert Bourassa me fut envoyé par son médecin personnel, le docteur Michel Émond, qui continua tout au long de la maladie de son patient à être présent et à travailler conjointement pour son mieux-être.

Régulièrement, nous prenions le temps de lui expliquer, souvent en présence de son épouse, le contexte de la récidive de sa maladie, les résultats des tests et le plan thérapeutique proposé conjointement avec les différents consultants. Monsieur Bourassa nous posait alors des questions et s'assurait de bien comprendre notre cheminement scientifique. Ensuite, il nous regardait, confiant et souriant : « Alors, on va aller de l'avant... » Il nous demandait aussi comment il pouvait collaborer afin d'obtenir une amélioration de sa maladie : « Est-ce qu'une nutrition équilibrée et l'exercice physique peuvent aider ? » Nous acquiescions, et c'est ainsi que se tissait graduellement une complicité entre nous.

Au fil des jours, j'ai donc pu apprécier toute la simplicité, la générosité et la grandeur de cet homme qui a marqué l'histoire du Québec. Mais dans cette lutte, nous n'étions pas seuls. Il y avait toute une équipe multidisciplinaire de consultants en radiologie, radio-oncologie, physiatrie, neurologie et neurochirurgie.

Tout au long du traitement, les infirmières étaient présentes, prodiguant leurs soins avec efficacité et compassion. Discrètement, le père Guy Girard, du Service de la pastorale de l'hôpital Notre-Dame, s'est greffé à l'équipe soignante pour apporter à monsieur Bourassa l'espérance au cœur de l'épreuve et présenter Celui aux yeux de qui chaque personne continue d'être précieuse et unique. Cette irruption de la dimension spirituelle a été un facteur déterminant pour l'aider à garder sa sérénité et neutraliser toute souffrance morale.

Dans ce « va-et-vient » des membres des différents services professionnels auprès de lui, il y avait une personne clé qui apportait une note particulière de tendresse et d'amour à cet accompagnement quotidien. C'était madame Andrée Bourassa. Elle a été inlassable, prodiguant à plus d'un acte auprès de son mari sa touche finale et remerciant chaque personne de sa contribution. Elle était aussi admirablement secondée par leurs enfants, Michelle et François, ainsi que d'autres membres de la famille. La grande joie, c'était quand François arrivait en fin d'après-midi accompagné de Mathieu et de Simon qui venaient rendre visite à leur grand-père.

Tout au long de cette lutte qu'il a menée avec toute l'énergie et la détermination que nous lui connaissions, monsieur Bourassa était particulièrement touché par les messages de sympathie et d'encouragement qui lui étaient exprimés. À une lettre de soutien reçue des résidents de l'Hôtellerie de Montréal de la Fondation québécoise du cancer, il a répondu en leur souhaitant «la sérénité dans le combat qu'ils livrent». Un jour, à ce propos, je lui ai touché la main en lui disant: «Vous savez, le Québec vous aime, monsieur Bourassa.» Des larmes d'émotion contenue ont alors coulé sur son visage, silencieusement.

L'absence de réponse au traitement a légèrement voilé sa sérénité. Le moment venu, j'essayais tout doucement de lui expliquer l'évolution de la maladie et l'accent qu'on mettait plutôt sur le traitement des symptômes qu'il recevait. Devinant mon désarroi, il me regarda et me dit simplement: «Nous allons mener ensemble le grand combat...»

Au cours des derniers jours, le contact de la main des personnes qu'il chérissait l'apaisait.

C'est dans cette atmosphère de solidarité humaine que monsieur Bourassa nous a quittés à l'aube du 2 octobre. C'était la fête des saints anges gardiens... Je sais que son ange gardien était là pour accompagner son âme vers le Seigneur...

Ce n'est qu'un au revoir, monsieur Bourassa.

Je donne, je change

LA CAMPAGNE DE CENTRAIDE DU GRAND MONTRÉAL BAT SON PLEIN SOUS LE THÈME «JE DONNE, JE CHANGE» POUR VENIR EN AIDE À UN DEMI-MILLION DE PERSONNES DÉMUNIES ET VULNÉRABLES MÉDICALEMENT.

En cette année 1996, consacrée par l'ONU pour «l'élimination de la pauvreté», l'espoir est grand que l'objectif de 28 millions de dollars sera dépassé, pour subvenir à une fraction plus élevée des besoins des sans voix.

L'urgence est là quand Statistique Canada nous révèle que Montréal est devenue la plus pauvre des grandes villes au Canada, et quand l'enquête réalisée par l'organisme de distribution alimentaire Moisson Montréal démontre que les bénéficiaires des banques alimentaires et des comptoirs de dépannage ont augmenté de 50% entre l'hiver 1995 et 1996. C'est ainsi que nous côtoyons dans la rue quotidiennement de plus en plus de miséreux qui, timidement, tendent la main. Parmi eux, on voit souvent des jeunes sans abri et des femmes qui mendient. Mais il y a aussi celles et ceux qu'on ne voit pas et qui forment le groupe des nouveaux pauvres représenté principalement par les personnes qui perdent soudainement leur emploi et se retrouvent sans revenus ni logement.

Cette «nouvelle pauvreté» bouleverse le paysage social, et le journaliste Pierre Foglia l'a dévoilée avec beaucoup de réalisme et d'émotion lors d'un reportage au début de l'année[1].

Si l'on regarde par ailleurs la pauvreté sur l'échelle mondiale, on est saisi par les proportions atteintes :

– Sur les cinq milliards d'habitants de la planète, un milliard de personnes vivent dans une extrême pauvreté et deux milliards en frôlent le seuil.

– Quarante mille personnes meurent chaque jour de faim et de malnutrition ; une toutes les deux secondes. La plupart des victimes sont des enfants[2].

Quant à la relation intime entre santé et précarité sociale, elle ne fait plus de doute. L'enquête sociale 1992-1993 de Santé Québec révélait déjà la persistance d'écarts importants en matière de santé et de bien-être entre les mieux nantis et les plus démunis. Une étude française récente corrobore qu'il y a effectivement une relation entre une précarité sociale et une vulnérabilité médicale, et conclut que de 1,3 % à 1,7 % des Français âgés de 16 à 59 ans sont ainsi particulièrement menacés. Sur le plan médical, la grande majorité d'entre eux (56 %) souffrent de troubles psychiques. Viennent ensuite les problèmes cardiaques (12 %) et neurologiques (11 %)[3]...

Y a-t-il donc des solutions pour combattre la pauvreté ? Les économistes en ont plusieurs, mais la lutte à la pauvreté nécessite d'abord que nous soyons sensibles à la souffrance d'autrui et que nous n'acceptions pas que la dignité des

---

1. Foglia, P. «Les nouveaux pauvres». *La Presse,* 10 février au 17 février 1996.

2. Turcotte, J.-C. «Les défis de la pauvreté». *Lumières et Paix,* septembre-octobre 1996.

3. Réju, E. «500 000 personnes cumulent maladie et précarité sociale». *La Croix,* 17 août 1996.

gens les plus pauvres soit bafouée. Dans sa chronique provenant d'Atlanta durant les Jeux olympiques, Pierre Foglia a eu le courage de réagir à la déclaration des athlètes, où ils demandent que «nos sociétés fassent de la lutte contre la pauvreté une priorité absolue, il en va de notre dignité», en ces termes: «Est-ce que Nike, Reebok, Adidas, Converse et Consorts qui ont vendu, aux États-Unis seulement, pour 6,8 G$ de *runnings* en 95, est-ce que Nike, Reebok, Adidas, New Balance qui font fabriquer leurs souliers en Indonésie par des enfants qui crèvent de faim vont avoir le culot de signer ce truc sur la lutte contre la pauvreté?»

De plus, dans cette lutte en faveur des «blessés de la vie», il ne faut pas oublier de les associer à la conception et à la mise en œuvre des politiques. C'était la conviction de Mgr Jean-Guy Hamelin, évêque de Rouyn-Noranda: «La société trouverait dans les appauvris une université de haut savoir, si elle voulait bien les écouter. Curieux qu'on prête si peu l'oreille à leurs voix. On trouverait bien plus de solutions aux problèmes qu'en fouillant dans des gros volumes écrits par des personnes qui n'ont rien vécu de ce qu'elles écrivent[4].»

---

4. Hamel, P. «Les pauvres: des partenaires pour l'avenir». *Nouveau dialogue,* n° 109, mars-avril 1996.

8 décembre 1996

Faire place aux missions humanitaires

LA CATASTROPHE HUMANITAIRE QUI SE PASSE AU SUD-EST DU
ZAÏRE COÏNCIDE AVEC LES 25 ANS D'INTERVENTIONS MÉDICALES
D'URGENCE DE L'ASSOCIATION HUMANITAIRE FRANÇAISE
MÉDECINS SANS FRONTIÈRES ET NOUS PORTE À UNE RÉFLEXION
SUR CE QUE DEVRAIT ÊTRE TOUTE MISSION HUMANITAIRE LORS
DE DÉSASTRES D'UNE TELLE ENVERGURE.

Créée en 1971 par deux groupes de médecins et de journalistes, l'association Médecins sans frontières a débuté par
des coups de cœur pour secourir d'un côté les victimes de
la guerre de sécession du Biafra et de l'autre les victimes
d'inondation au Pakistan.

Les interventions médicales se sont ensuite rapidement
succédé au Nicaragua, au Liban, en Thaïlande et lors des
conflits en Éthiopie, en Somalie et au Rwanda, pour enfin
intervenir récemment au Nigeria afin de maîtriser l'épidémie de méningite la plus importante du siècle en Afrique.

L'expertise accumulée au cours de ses différentes interventions a permis à Médecins sans frontières d'allier l'humanité à l'efficacité, en mettant au point des guides
d'intervention adaptés aux diverses situations de crise et
en développant un dispositif logistique des plus sophis-
tiqués. À l'équipe des médecins et infirmières secouristes
des années 1970, se sont donc ajoutés des techniciens

sanitaires, des coordonnateurs, des administrateurs et des logisticiens qui forment présentement le tiers des volontaires de Médecins sans frontières en action en permanence aux quatre coins du monde[1].

Quels sont donc la mission et le défi de l'action humanitaire internationale? Dans un article sur le 25e anniversaire de Médecins sans frontières, son directeur général réaffirme l'ambition de l'association: «Lutter contre ce qui émousse la solidarité, détourne l'attention du public et des acteurs institutionnels, de millions d'êtres humains qui luttent pour leur survie et qui n'ont d'autre solution que de compter sur leur vigilance.» Selon lui, trois populations sont particulièrement menacées. Les conflits à la grandeur de la planète ont porté à plus de 50 millions le nombre de réfugiés et de personnes déplacées dans le monde. Ces exclus sont considérés aujourd'hui comme une charge supplémentaire dans un contexte socio-économique instable, particulièrement pour ceux qui sont déplacés à l'intérieur même d'un pays. L'efficacité de Médecins sans frontières leur permet d'intervenir rapidement auprès de ces personnes déracinées. C'est ainsi que, dans les cas favorables, les taux de mortalité et de morbidité retrouvent rapidement des niveaux acceptables.

Le deuxième groupe exposé concerne les zones des mégapoles où les difficultés socio-économiques conduisent à une augmentation du taux de pauvreté et d'exclusion. C'est à ce groupe de démunis que Geneviève de Gaulle, en France, s'est attelée au sein d'Aide à toute détresse – Quart monde. Son objectif est de «rendre les gens pauvres heureux». Elle lutte pour «permettre à chaque malheureux de retrouver en lui la part d'humanité qui semble avoir disparu». Elle a acquis la conviction qu'il n'est «pas

---

1. Hertoghe, A. «Les médecins sans frontières allient l'humanité à l'efficacité». *La Croix,* 24 octobre 1996.

possible de sortir les gens de l'exclusion si l'on ne fait pas une politique où ils sont inclus et où l'on en envisage l'après-assistance[2]».

Finalement, l'association Médecins sans frontières est fréquemment sollicitée pour répondre à des flambées épidémiques (choléra, méningite...) ou à des reprises de foyers endémiques (malaria, tuberculose...). À l'aube de l'an 2000, les maladies infectieuses sont la principale cause de mortalité dans le monde, particulièrement en Afrique, avec 17 millions de décès par an[3].

Chez nous, le gouvernement du Canada a agréablement surpris le monde en ayant le courage de mettre sur pied une mission humanitaire multinationale dans l'est du Zaïre. Pour que cette mission soit réellement efficace auprès des démunis, il ne faudrait pas qu'elle soit prise au piège de la manipulation et qu'elle devienne un alibi politique. C'est en luttant pour rejoindre l'essentiel, la dignité humaine, que de telles missions humanitaires obtiendront toute leur crédibilité et sauveront des milliers d'êtres humains.

2. Pouthier, J.-L. «Geneviève de Gaulle: la part d'humanité». *Panorama,* octobre 1996.

3. Pécoul B. «Vingt-cinq ans d'aide à personnes en danger». *La Croix,* 26 octobre 1996.

Sur le sens de la vie

LE SOCIOLOGUE, COMMUNICATEUR ET HUMANISTE FERNAND DUMONT NOUS A QUITTÉS IL Y A DEUX MOIS, DES SUITES D'UN CANCER RÉCIDIVANT.

Je l'avais vu quelques mois auparavant et nous avions, entre autres, rapidement échangé sur son dernier livre *Une foi partagée* où, se sentant pressé par le temps qui se dérobait, il décida de «nous redire son propre pari».

Il aurait pu se laisser envahir par toutes sortes de détresses existentielles particulièrement reliées à la maladie. Ce maître à penser de la génération qui a construit le Québec moderne a préféré cependant agir rapidement et nous livrer, avant de nous quitter, l'essentiel du sens de la vie et de la mort. Selon Fernand Dumont, «chacun vit d'une foi en des valeurs qui le dépassent». C'est pour cela qu'il place la foi en l'humanité haut dans ce en quoi il croit: «Il n'est pas plus aisé de croire en l'homme que de croire en Dieu. L'humanité n'est pas une donnée; elle est une conquête à laquelle chacun de nous participe... Le partage est le premier et le dernier mot de la foi dans l'humanité[1].»

Le sociologue nous cite ensuite des témoins qui assument la foi: «C'est avec eux que l'on entend la parole de Dieu, sans pour autant perdre le fil de la sienne.» Il choisit entre autres Simone Weil, la jeune philosophe décédée à 34 ans,

---

1. Dumont, F. *Une foi partagée*. Bellarmin, Québec, 1996.

rongée autant par la tuberculose que par cette ascèse qu'elle s'était imposée pour ne pas dépasser le niveau d'existence des plus pauvres. Simone nous dit: «Nous sommes créés pour consentir, librement, à nous laisser traverser par l'amour de Dieu: donc à renoncer à nous-mêmes. En se niant soi-même, on devient capable, après Dieu, d'affirmer l'autre[2].»

Quant au sens de la mort, Fernand Dumont écrit ceci: «La mort donne une frontière à une impatience qui se perdrait autrement dans l'illimité des devoirs et des espoirs, dans la vacance des options... Ce ne sont pas les circonstances de notre mort qui nous effraient, mais notre finitude. C'est par le dedans qu'il faudrait essayer d'imaginer l'agonie de ce Dieu où, un jour, la condition humaine a crié son malheur dans l'espace infini. Ce Dieu qui fraie le passage dans l'effrayant couloir de la mort, c'est à lui que les chrétiens ont voué leur foi.»

Si nous voulons actualiser notre tradition et notre culture québécoises, Fernand Dumont nous propose une foi moins frileuse et plus aventurée, celle qui par exemple s'oriente vers le plus pauvre et les exclus «avec pour seul viatique l'assurance de cette miséricorde de Dieu que nul langage, nul principe, nulle organisation ne clôturent.»

L'essayiste termine son testament spirituel en nous faisant discerner le pari de l'existence humaine, à savoir faut-il faire de la question de l'homme une question fermée à la question de Dieu, ou rapprocher la question de Dieu de celle de l'homme? Il ne nous livre pas la réponse. Il termine simplement en disant: «La condition humaine est l'interrogation. Tel est notre lot commun. Dans la suite de cet aveu primordial, il reste à nous dire aux uns et aux autres le choix de nos itinéraires, à partager nos expériences de la route...»

---

2. Marie, P. «La force d'une pensée». *La Croix,* 11 août 1993.

Le don d'une vie

L'INFATIGABLE SERVANTE DES DÉSHÉRITÉS, CELLE QUI AVAIT DÉCIDÉ D'ÊTRE « AU SERVICE DES PLUS PAUVRES D'ENTRE LES PAUVRES », N'EST PLUS PARMI NOUS.

Cependant, mère Teresa laisse un héritage de valeurs et d'actions solides qui permettront aux personnes de bonne volonté de suivre ses traces dans la reconstruction de la dignité humaine et dans le don de soi aux exclus et aux personnes qui souffrent.

C'est ainsi que l'énormité de la tâche pour éradiquer la grande pauvreté mondiale ne la décourageait pas, car elle se souciait plutôt de redonner la foi et la dignité individuellement à toutes les personnes souffrantes et humiliées. Elle nous a appris la joie de donner, de partager, et que l'essentiel, c'est l'amour que nous mettons dans le don.

Dans son dernier livre intitulé *Il n'y a pas de plus grand amour*, mère Teresa nous dit: «Le pauvre n'a pas faim seulement de pain, il est aussi terriblement avide de dignité. L'amour, le fait d'exister aux yeux d'un autre, nous est d'une absolue nécessité... Partout, il y a des pauvres... J'ai vu des êtres dans le plus grand dénuement dormir sur des cartons dans les rues. Paris, Londres ou Rome connaissent cette forme de pauvreté. Il est si simple de parler des pauvres qui sont au loin. Il est plus difficile, et peut-être moins raisonnable, de prêter attention et de se soucier du pauvre qui vit à deux pas de chez nous [1].»

---

1. Mère Teresa. *Il n'y a pas de plus grand amour.* JC Lattès, Paris, 1997.

Au-delà de l'indigence matérielle, mère Teresa a rapidement décelé la pauvreté spirituelle qui sévit dans notre société moderne, «une pauvreté faite de solitude, d'abattement, d'une absence de sens». Justement, dans une enquête effectuée récemment en France, il ressort qu'un Français sur quatre vit seul, et que des millions de gens souffrent d'isolement, qu'ils soient pauvres ou riches, jeunes ou âgés. Toutefois, les plus exposés paraissent les victimes de la crise économique et sociale, les femmes vivant seules avec des enfants, les jeunes isolés dans la ville ou mal intégrés dans leurs familles et les personnes âgées manquant d'environnement familial ou amical[2].

Chez nous, sur ce dernier point, Serge Loiselle, président de l'organisme Les Petits Frères des pauvres, sonne l'alarme: la qualité de vie des personnes les plus âgées et les plus vulnérables vivant en centre d'hébergement ou en résidence privée ne cesse de se détériorer. Les indices mentionnés donnent à penser que les compressions dans le réseau des centres d'hébergement de soins de longue durée en sont en grande partie responsables[3].

Mais ce qui a le plus interpellé mère Teresa après avoir entendu l'appel divin, c'est l'état lamentable des mourants abandonnés. Un jour, elle lavait un homme à moitié rongé de vermine, que l'on venait de ramasser dans la rue. Son regard sur lui était celui d'une mère sur son fils blessé. Dans un souffle haletant, l'homme murmura: «Toute ma vie, j'ai vécu comme une bête; maintenant, je vais mourir comme un homme[4].»

---

2. Duquesne, J.-C. «Des millions de solitudes». *La Croix,* 21-22 septembre 1997.

3. Loiselle, S. «Personnes âgées: une qualité de vie qui se détériore sans cesse». *La Presse,* 1er octobre 1997.

4. Lenoir, F. «Mère Teresa. Tout l'amour du monde». *Le Figaro Magazine,* 13 septembre 1997.

Après avoir construit le foyer d'accueil des mourants de Kali, mère Teresa s'est attelée à la tâche de rescaper les plus vulnérables des vivants: les nouveau-nés que l'on retrouvait à l'aube dans les poubelles... Ce fut alors la réalisation du projet La Maison des enfants. Là, elle a lutté inlassablement contre la malnutrition et les maladies infantiles pour ramener à la vie des centaines de bébés. Quant à son argument pour agir ainsi, le voici: «La vie est le plus grand présent de Dieu aux êtres humains. Puisque la vie humaine est créée à l'image de Dieu, elle lui appartient; nous n'avons pas le droit de la détruire. Nous sommes beaucoup plus importants pour le Père que l'herbe, les oiseaux, les fleurs de la Terre; ainsi, s'il prend un tel soin de ces choses, combien plus prendrait-il soin de sa vie en nous, car il nous a créés pour de plus grandes choses, pour aimer et être aimés[5].»

---

5. Mère Teresa. Texte pour le recueil «De la vie et de la mort». *La Presse,* 14 septembre 1997.

Les réseaux du cœur viennent à la rescousse des démunis

LE DERNIER RAPPORT DU PROGRAMME DES NATIONS UNIES POUR LE DÉVELOPPEMENT (PNUD) RÉVÈLE LA RECRUDESCENCE DE LA PAUVRETÉ À TRAVERS LE MONDE : 1,3 MILLIARD DE PERSONNES (23 % DE LA POPULATION MONDIALE) SUBSISTENT AVEC UN REVENU DE MOINS D'UN DOLLAR PAR JOUR.

Au Québec, près de 1,5 million de personnes vivent sous le seuil de la pauvreté. En outre, la pauvreté a progressé de façon importante parmi les familles monoparentales et les jeunes ménages. Contrairement à ce qu'on pourrait penser, l'occupation d'un emploi ne met pas les individus à l'abri de la pauvreté. En effet, plus de la moitié des personnes vivant dans la pauvreté participent au marché du travail[1]. Être pauvre signifie presque toujours être victime de la malnutrition et de la faim, et être plus vulnérable à certaines maladies infectieuses et aux troubles psychiques. Cela fut confirmé par l'enquête sociale de 1993 de Santé Québec qui révèle la présence d'écarts importants en matière de santé et de bien-être entre les mieux nantis et les plus démunis.

Quant au problème de la faim dans le monde, il est complexe et n'est pas nécessairement relié à un manque de

---

1. Gouvernement du Québec. Conseil de la Santé et du Bien-être, avril 1997.

ressources. De 1950 à 1980, la production totale de denrées alimentaires dans le monde a doublé et « il existe dans l'ensemble du monde assez de nourriture pour tous ». Le fait que la faim persiste malgré cela démontre la nature structurelle du problème : « Le principal problème est celui des conditions d'accès à cette nourriture qui ne sont pas équitables[2]. » Selon un rapport du Conseil pontifical à ce sujet, la faim dans le monde n'est pas un problème de disponibilité, mais de demande solvable ; c'est un problème de misère[3].

Comment peut-on donc lutter contre la pauvreté ?

En France, Geneviève de Gaulle, aujourd'hui présidente d'Aide à toutes détresses (ATD Quart-Monde), avait été interpellée par l'expression qu'elle lisait sur les visages des pauvres aux portes de Paris : celle de l'humiliation et du désespoir d'un être humain qui lutte pour conserver sa dignité. Elle a alors accepté d'aller à la rencontre des familles pauvres avec le père Joseph Wresinski, fondateur d'ATD Quart-Monde. Elle a ensuite mené le combat pour refuser la misère qu'elle considère comme une insulte à la démocratie, réalisant que « le chemin de justice qu'elle suit avec les plus pauvres de notre société est le seul qui ait un sens[4] ». Aujourd'hui, c'est à la tribune de l'Assemblée nationale qu'elle fait entendre la voix des exclus : « Que deviendra notre démocratie si elle se dirige vers l'horizon de l'an 2000 en emportant la misère dans ses bagages ? Nous pensons qu'il est indigne des démocraties occidentales de maintenir les plus pauvres hors de la démocratie,

---

2. Organisation mondiale de la santé. Conférence internationale sur la nutrition, Déclaration mondiale sur la nutrition. Rapport final de la conférence. Rome, 1992.

3. Document du Conseil pontifical. *La faim dans le monde. Un défi pour tous : le développement solidaire*. Cité du Vatican, octobre 1996.

4. Glorion, C., de Gaulle Anthonioz, G. *Résistances*. Plon, Paris, 1997.

de les cantonner aux soupes populaires et de les laisser à la merci d'une logique de gestion administrative...»

Chez nous, selon un récent sondage SOM – La Presse, 8 Québécois sur 10 estiment que la pauvreté a augmenté au cours des 5 dernières années et 6 sur 10 croient que les 5 prochaines années seront pires encore. La palme de l'entraide et de la solidarité revient particulièrement à deux «réseaux du cœur» qui ont révolutionné le monde de la charité : Jeunesse au Soleil et Moisson Montréal[5].

Jeunesse au Soleil est une «entreprise» avec un budget de trois millions de dollars par an, qui possède des comptoirs alimentaires et subventionne plusieurs programmes nécessaires pour résoudre un problème particulier, tel que le programme-médicaments. Quant à Moisson Montréal, c'est le grossiste de la charité. Il recueille et redistribue 9000 tonnes de nourriture annuellement, qui vont à des soupes populaires et des groupes communautaires...

Ne faudrait-il pas sensibiliser les jeunes à cette dimension de l'entraide? Geneviève de Gaulle leur dit: «Cherchez au fond de vous-même ce que vous croyez être le meilleur et trouvez une raison pour que votre vie soit digne d'être vécue. Si vous le faites, votre vie aura un sens, sinon, vous vous amuserez, vous aurez des distractions, comme dit Pascal, mais vous n'aurez pas l'honneur de vivre!»

---

5. Gendron, L. «Les réseaux du cœur». *L'Actualité,* 15 décembre 1997.

La table est servie

Je ne me suis pas accrochée
Aux escarpes
Du sentier abrupt
Sur lequel tu m'as laissée
Je m'en suis retirée
Je suis restée
Seule sur le bord du chemin
Glacée par le vent
Imprévisible
Impitoyable
Tordue de froid

Tu m'as donné ta main
Tu m'as invitée
À reprendre la route
Je n'étais pas tout à fait redressée
Mais sur cette rue
J'ai entrevu les autres
Petits aussi
Assoiffés
Et d'autres encore
Plus meurtris
Dépossédés davantage

Ces gens à qui je pouvais sourire
En les croisant
Ou parler d'un peu de soleil
J'ai cru tout d'un coup
Que ces gens me guériraient
Car voilà le paradoxe
Mystère ultime proclamé
Et saurons-nous le léguer
C'est en servant la table
Qu'on est nourri

Patricia Ayoub
Mai 1995

VI

La souffrance,
les soins
palliatifs
et l'euthanasie

Foi chrétienne et discernement éthique face à la souffrance et à la mort[1]

L'explosion technologique et l'humanisation des soins

La science médicale a connu, grâce aux progrès de la haute technologie, un développement exceptionnel au cours des dernières décennies, favorisant la guérison de plusieurs malades et le soulagement d'un nombre croissant de patients. Cette dimension technoscientifique ainsi que les changements socioculturels survenus au cours des trente dernières années influent particulièrement sur la dimension éthique dans l'exercice de la médecine. On assiste ainsi à une diminution progressive de l'humanisation des soins. Celle-ci est la touche spéciale qui permet d'aller au-delà de la technologie pour rejoindre le malade dans ce qu'il a de plus essentiel : son besoin de compassion, d'espoir et d'accompagnement.

Dans un contexte culturel marqué par le relativisme et l'indifférence, je me sens interpellé en tant que chrétien, d'une part, à prendre en compte les valeurs culturelles de mes patients et, d'autre part, à semer dans mon milieu professionnel, par mon témoignage, les valeurs évangéliques.

---

1. Article paru dans la revue *Œcuménisme*, n° 142, juin 2001.

Ainsi, je perçois chaque malade comme une personne unique, irremplaçable, digne d'être respectée. Mon rôle primordial, en tant que médecin, reste encore aujourd'hui de me pencher sur le patient, parfois pour le guérir, souvent pour le soulager et toujours pour le réconforter. Comme l'a dit récemment Jean-Paul II aux professionnels de la santé, « notre mission est d'offrir aux malades et à leurs familles des raisons d'espérer face aux lourdes interrogations qui les assaillent ».

La souffrance

Un des défis de la bioéthique consiste à éclairer le médecin face à ses patients atteints d'une maladie incurable en progression et qui font ainsi face à la mort. Les souffrances physiques et morales engendrées par un cancer, par exemple, portent ces personnes à démissionner graduellement de la vie. C'est là où nous pouvons intervenir en les amenant à changer de décision.

Tout d'abord, la médecine moderne possède actuellement les moyens de soulager et de calmer la douleur physique. À cet effet, l'Organisation mondiale de la santé a même établi des lignes directrices comportant une « échelle analgésique » à trois niveaux pour un traitement optimal de la douleur.

En matière de traitement de la douleur, un élément clé est déterminant : le sens que le malade donne à la souffrance. C'est ainsi que l'éminent docteur Éric Cassell, de l'Université Cornell de New York, a rappelé que « la médecine moderne a tendance à être orientée vers le traitement du corps. Or, la véritable souffrance accable toute la personne. Et elle n'est pas seulement psychologique ni seulement physique, elle est aussi spirituelle. »

Une fois l'amélioration atteinte sur le plan physique, nous devons nous atteler à la tâche de transformer la souffrance morale du patient en une réconciliation avec la vie. En effet, révéler à un patient qu'il souffre d'une maladie incurable lui cause un grand choc qui l'arrête subitement dans la course de sa vie. Cette nouvelle est souvent perçue comme une humiliation qui s'accompagne d'une détresse existentielle.

Du coup, cela porte aussi la personne à réfléchir sur le sens réel de la vie. La maladie entrouvre ainsi une fenêtre spéciale de notre vie intérieure qui libère l'amour enfoui en nous ; elle est un appel aux vraies valeurs. Cette irruption du spirituel, souvent oublié, est un facteur déterminant pour neutraliser la souffrance morale.

Mes malades atteints d'un cancer avancé et incurable me disent souvent qu'ils se sentent inutiles et qu'ils sont un fardeau pour leur famille. Je leur rétorque qu'ils doivent distribuer aux autres « les perles » qu'ils ont accumulées au cours de leur vie. Ils peuvent apporter beaucoup autour d'eux, car ils deviennent, avec la maladie, des diplômés de « l'Université de la vie ». Je les encourage alors à s'engager dans des groupes d'entraide et à se revaloriser.

Chez ceux et celles qui acceptent de prendre le tournant de la dimension spirituelle, une sérénité s'installe graduellement. Ils sont réconciliés avec la vie, ils ont le goût de combattre la maladie et de vivre intensément le quotidien en déployant l'amour autour d'eux. Et si, dans ce dépassement merveilleux, la mort les surprend, ils n'ont pas peur.

À cet égard, monsieur Jean-Claude Malépart, ancien député de Laurier-Sainte-Marie, fut pour moi un exemple frappant. Cet homme de cœur, profondément croyant, avait fait son cheminement et avait accepté de prodiguer jusqu'au bout son aide aux démunis de sa circonscription ;

il avait choisi de se dépasser, malgré un cancer galopant. Je retiens de lui cette phrase qu'il m'a dite à la veille de son départ pour la vie éternelle: «Vous savez, docteur Ayoub, on ne meurt pas; la vie continue là-haut.»

La dignité humaine blessée

Tout être humain mérite le respect parce qu'il est une personne, c'est-à-dire, selon Claude Bruaire, un être d'esprit. Or, dès qu'une personne est mise au courant qu'elle souffre d'une maladie incurable, elle se sent atteinte dans sa capacité d'agir; en un sens, elle est blessée dans sa dignité. Le malade est profondément humilié de ne plus être capable de participer à la «course» quotidienne de notre monde moderne. Cela se traduit par un sentiment de faiblesse et même d'inutilité. Dans ces circonstances, il appartient à notre société, et particulièrement aux professionnels de la santé, de s'assurer que cette blessure du patient ne touche en rien sa dignité ontologique. Celle-ci est une qualité intimement liée à l'être même de la personne.

En tant que chrétien et à l'exemple de Jean Vanier, je considère que «toute personne est une histoire sacrée»: il n'y a pas de différence entre un être humain et un autre... nous sommes tous habités par le Seigneur, que nous soyons des handicapés mentaux ou des intellectuels. En effet, la dignité de l'être humain «s'enracine dans sa création à l'image de Dieu et s'accomplit dans sa vocation à la béatitude divine» (*Catéchisme de l'Église catholique,* n° 1700).

Les soins palliatifs

L'objectif des soins palliatifs est d'entourer de chaleur humaine les patients en phase terminale de leur maladie, en plus de leur apporter des soins médicaux prodigués par une équipe multidisciplinaire. Au centre de la philosophie de ce mouvement, on retrouve une écoute attentive et un respect qui témoignent au malade de sa dignité au moment où il se perçoit comme un fardeau. Les petites attentions telles qu'un bouquet de fleurs ou le son d'une musique douce lui confirment sa valeur et son appartenance à la communauté. Le travail dans ces unités nous fait prendre conscience d'une réalité : « Seul l'amour permet d'honorer la dignité de la personne. »

En fait, la personne qui va mourir n'a pas uniquement besoin de médicaments pour soulager sa douleur. Elle désire intensément la main tendue et l'oreille attentive d'un être humain chaleureux qui va l'élever de la médecine stricte vers la dimension spirituelle. Elle a soif de l'espérance de quelqu'un qui, par son dialogue, l'aidera à renouer et à communier avec « Celui qui est ». C'est Jean-Paul II qui nous inspire dans sa lettre encyclique *Evangelium vitae* (n° 67) : « La demande qui monte du cœur de l'homme dans sa suprême confrontation avec la souffrance et la mort est surtout une demande d'accompagnement, de solidarité et de soutien dans l'épreuve. C'est un appel à l'aide pour continuer d'espérer, lorsque tous les espoirs humains disparaissent. »

La voie des soins palliatifs représente donc dans notre société moderne un des meilleurs moyens d'exprimer notre compassion envers un mourant. Pour les chrétiens, Jésus, dans sa souffrance et sa mort, reste notre modèle. C'est ce que nous dit Jean-Paul II en méditant les mystères douloureux du Rosaire. « Jésus s'est immergé dans la misère du monde pour en être pleinement solidaire et pour sanctifier à l'avance toutes nos épreuves. C'est donc par le Christ et dans le Christ que s'éclaire l'énigme de la douleur et de la mort qui, hors de l'Évangile, nous écrase. » Pour la philosophe et mystique Simone Weil, « la grandeur extraordinaire du christianisme n'est pas de nous procurer un remède contre la souffrance, mais de lui donner un sens ».

Le dépouillement de l'agonisant

Parfois, l'agonisant, démuni de tous ses attributs, décharné par la maladie, se met quasiment à nu dans un instant d'hallucination. La vue dans cet état de la personne qu'on aime est pénible et dramatique pour la famille. Nous nous devons, en tant qu'équipe soignante, de maintenir la dignité de ces agonisants et de leur administrer un neuroleptique efficace pour atténuer cet état d'agitation et de confusion.

Un jour, une jeune fille, voyant son père dans une situation pareille, fond en larmes et me dit: «Je ne connais aucun homme qui a été aussi dépouillé de tout que mon père...» Je lui ai répondu spontanément, en regardant Jésus sur la croix: «Oui, lui aussi s'est dépouillé de tout.» Subitement, elle cessa de pleurer et fut consolée de cette réponse. La nudité du malade nous amène, en effet, à contempler la triple nudité de Jésus: dans la crèche, sur la croix et dans l'eucharistie. C'est le mystère de «l'amour qui descend», selon la belle expression de Bossuet.

Les patients nous apprennent à nous dépouiller de nos prétentions pour nous mettre dans la parfaite nudité d'esprit qui nous dispose à être pleinement saisis par Dieu.

Le mythe de l'euthanasie et du suicide assisté

L'engouement de notre société moderne en faveur de la décriminalisation de l'euthanasie et du suicide assisté chez les patients en phase terminale d'une maladie incurable découle de deux facteurs: d'une part, la douleur de plusieurs de ces malades n'est pas encore supervisée adéquatement; d'autre part, la dignité humaine de ces patients est blessée. Or, nous avons vu que la solution de ces deux problèmes est au cœur même de la mission des unités de soins palliatifs. Cette mission demande cependant un effort de la part des professionnels de la santé et des membres de la famille du patient. Elle exige de mettre le temps nécessaire pour maîtriser la douleur. De plus, la dignité humaine n'est pas en péril si le malade est accompagné et ne reste pas isolé dans ses derniers moments.

Aider les mourants à vivre jusqu'au bout est réellement une leçon de vie: c'est l'accueil de l'événement qui nous dépasse. Alors, pourquoi occulter aux membres de la famille le témoignage de la transformation qui s'opère en leur proche face à la résurrection?

En étant ainsi auprès des malades jour après jour, j'ai appris à mieux les comprendre et à leur donner cette touche humaine tellement indispensable dans les soins qu'on leur prodigue. Il faut non seulement soulager leurs souffrances, mais aussi leur fournir une présence et de l'affection. Si l'on y arrive, la question de l'euthanasie devient futile.

Il s'agit d'ailleurs là d'un mythe dans notre société moderne. Les patients ne réclament pas l'euthanasie. Après trente ans de pratique médicale, deux ou trois malades seulement m'ont demandé spécifiquement de les aider à mourir en leur donnant une injection. À ceux-là, j'ai alors expliqué qu'à mes yeux la vie est sacrée et qu'elle vaut la peine d'être vécue jusqu'au bout. Que de fois j'ai noté que les dernières minutes et les dernières paroles d'une personne agonisante pouvaient avoir des répercussions bienfaisantes sur un membre de la famille et lui faire découvrir le sens réel de sa vie! Ce sont plutôt les bien-portants qui parlent de l'euthanasie et qui donnent leur opinion hors contexte, en gonflant le résultat des sondages selon lesquels les deux tiers des gens seraient en faveur de la légalisation de cet acte. Si l'on effectuait le même sondage auprès des malades, les deux tiers – voire les trois quarts – vous répondraient : « Non, aidez-nous plutôt à vivre. »

Cette opposition des patients en phase terminale à l'euthanasie vient d'être confirmée récemment par une étude scientifique publiée dans le journal de l'Association médicale américaine (*JAMA* 284 : 2460-68, 15 nov. 2000).

L'homicide par compassion

Le débat sur l'euthanasie par compassion bat son plein. Au Canada, le Comité sénatorial spécial sur l'euthanasie et l'aide au suicide recommandait en 1995, dans son rapport *De la vie et de la mort,* que le code criminel soit modifié afin de permettre, pour les homicides par compassion, l'imposition d'une peine moins sévère que dans les cas de meurtre. Dans la mise à jour de juin 2000 sur ce rapport, le Comité sénatorial a préféré ne pas traiter de cette recommandation, entre autres parce que l'affaire Latimer est actuellement devant la Cour suprême du Canada.

En France, le Comité d'éthique propose, dans un même ordre d'idées, de donner une caution légale à ce qu'il nomme « l'exception d'euthanasie ». Le débat est donc engagé en vue de ce qui semble être une éthique sans morale. C'est dans ce contexte que l'Académie pontificale pour la vie vient de publier un document sur le respect de la dignité du mourant qui dit ceci : « Il y a une grande différence éthique entre provoquer la mort et permettre la mort : la première attitude refuse et nie la vie, la seconde en accepte l'accomplissement naturel. » Le document affirme cependant qu'il ne s'agit pas de céder à une quelconque forme d'acharnement thérapeutique. Ce texte reprend ainsi l'enseignement de l'*Évangile de la vie,* à savoir que, « dans les situations où la mort s'annonce imminente et inévitable, on peut en conscience renoncer à des traitements qui ne procureraient qu'un sursis précaire et pénible de la vie, sans interrompre pourtant les soins normaux dus au malade en pareil cas[2] ».

L'essentiel

Si les malades ne veulent pas de l'euthanasie, comment pouvons-nous faire, en tant que professionnels de la santé, pour les rejoindre dans l'essentiel? Il faut alors se poser la question: pourquoi suis-je un professionnel de la santé? Est-ce simplement un moyen comme un autre de gagner ma vie, ou est-ce une vocation pour aider et servir les affligés?

Pour répondre à cette question, il faut d'abord faire un travail intérieur en nous-mêmes, avoir un dialogue avec Dieu pour saisir justement la portée providentielle de notre propre être dans le monde, et ce désir inné en chacun de nous de participer à la construction d'un monde par l'amour. Il faut aussi apprendre à prier. Il ne s'agit pas de dire des formules de prière, mais plutôt d'être imprégnés de l'idée que nous sommes enfants de Dieu. Il faut nous comporter avec Dieu comme avec une personne que nous aimons, pour que se crée justement entre nous et le Seigneur une certaine intimité. Il faut qu'il y ait cette fréquentation volontaire, régulière. En un mot, il faut que nous soyons des contemplatifs dans l'action. Dans ce sens, je suis inspiré par des saintes personnes telles que Vincent de Paul, mère Teresa ou Jean-Paul II.

---

2. Jean-Paul II, *Évangelium vitae,* 16 avril 1995, n° 65. L'encyclique se réfère ici à la *Déclaration sur l'euthanasie,* faite par la Congrégation pour la doctrine de la foi, le 5 mai 1980, où la même déclaration peut être trouvée à la section IV.

Toute personne est une histoire sacrée

Il s'agit du titre d'un merveilleux livre de Jean Vanier, fondateur de l'Arche, où il nous démontre comment, en participant à la souffrance des autres, nous pouvons être des porteurs d'espérance. Voilà ce qu'il nous dit : «Dans notre cheminement dans la vie, nous découvrons que le chemin de la paix ne consiste pas à monter vers la lumière dans une recherche d'une certaine puissance, mais c'est à descendre vers le petit, vers celui ou celle qui est faible. C'est là le mystère et le paradoxe de la vie. Dieu s'est fait chair en nous. Il n'est plus présent, lumineux dans le soleil. Mais il est présent humblement, quotidiennement avec nous, dans nos joies, dans nos épreuves. Et devant la souffrance, la maladie, la faiblesse et la mort, nous pouvons prendre l'un des deux chemins, et c'est à nous librement de choisir. Nous pouvons prendre le réveil et l'appel à l'amour, à la compassion, ou nous pouvons fuir dans les idées et les théories et dans le durcissement du cœur. Si nous osons pénétrer dans le monde de la souffrance, dans le monde de la pauvreté extérieure à nous, alors nous serons libérés de nos peurs, de nos fuites ailleurs, et nous deviendrons des porteurs d'espérance[3].»

Dans la perspective de ce respect de la vie humaine au cœur de la bioéthique, la question qu'a posée Jean-Paul II récemment au nouvel ambassadeur de France auprès du Saint-Siège est vitale pour la survie spirituelle de notre monde occidental : «Comment les individus pourraient-ils avoir confiance les uns dans les autres, si l'on ne garantit le bien le plus précieux de chacun, sa propre vie, qui ne peut être soumise simplement à des critères d'efficacité et de rentabilité ou à des décisions purement arbitraires?»

---

3. Vanier, J. *Toute personne est une histoire sacrée*. p. 276-280.

18 octobre 1992

Comment dire la vérité au patient?

AU COURS DES DERNIÈRES DÉCENNIES, LES PROGRÈS DE LA SCIENCE ET DE LA HAUTE TECHNOLOGIE ONT PERMIS À NOTRE SOCIÉTÉ DE BÉNÉFICIER D'UNE MÉDECINE BEAUCOUP PLUS EFFICACE QUI SE TRADUIT GÉNÉRALEMENT PAR UNE LONGÉVITÉ ACCRUE.

Il devient donc difficile d'expliquer le paradoxe médical que nous vivons, à savoir un nombre grandissant de patients réagissant avec une détresse émotionnelle aiguë face à l'annonce et au vécu d'une mauvaise nouvelle médicale.

Est-ce une réaction à une lacune dans l'humanisation des soins ou à une indifférence spirituelle dans nos vies? Pour mieux comprendre le choc psychologique occasionné par l'annonce d'un diagnostic d'une maladie sérieuse, j'ai longuement dialogué avec trois de mes patients atteints de cancer.

Gisèle a 54 ans et elle est suivie depuis 10 ans pour un cancer du sein. Ses yeux s'embrouillent quand elle me raconte que c'est au téléphone que son chirurgien lui confirma qu'elle souffrait d'un cancer du sein. « J'ai trouvé que c'était inhumain… J'avais besoin que mon chirurgien prenne le temps de m'expliquer, de répondre à mes appréhensions… », me dit-elle.

Le choc émotionnel fut grand, et elle ne s'en est remise que grâce à l'amour et au soutien de son mari et de ses trois enfants. Trois ans après, elle eut une première rédicive qui nécessita l'ablation du sein. Elle m'avoua que ce fut moins difficile psychologiquement que lors du premier diagnostic. Subséquemment, elle a eu d'autres récidives et a dû commencer la chimiothérapie. À chaque rechute, Gisèle a l'espoir qu'elle va s'en sortir. Elle en profite pour vivre pleinement ses périodes de rémission.

Monsieur Bellemarre, atteint d'un cancer pulmonaire, voulait savoir la vérité dès qu'il passa l'examen de ses bronches, par une bronchoscopie, pour investiguer une toux associée à une tache à la radiographie du poumon droit. Vu que la tumeur était localisée au lobe supérieur du poumon, il a bénéficié d'une résection chirurgicale du lobe pulmonaire atteint, et il ne montre pas de signes de maladie depuis cinq ans.

Selon monsieur Bellemarre, il y a des manières de dire la vérité au patient. Il favorise l'annonce graduelle et au rythme que le patient est prêt à accepter. Il ajoute : « Il ne faut pas nous angoisser, car la peur peut s'installer et elle est la pire ennemie de l'homme. » Lors du diagnostic, sa plus grande épreuve fut d'accepter sa maladie. Il se disait inlassablement : « Mais pourquoi cela m'arrive-t-il à moi ? » C'est finalement grâce aux explications reçues par l'équipe multidisciplinaire qui le soignait et à ses lectures sur le cancer qu'il a pu contrôler son anxiété émotionnelle et collaborer au succès de ses traitements.

Pour Denise par contre, ce fut un vrai choc que d'apprendre qu'elle était atteinte d'un cancer du sein. C'est grâce à des méthodes de relaxation et de visualisation que sa nature combattante a pu prendre le dessus. Son mari l'entoura aussi de toute son affection. Elle commençait à se remettre émotionnellement quand, il y a deux ans, elle nota des taches de rougeur sur sa poitrine. Après de longues hésitations, une biopsie fut effectuée qui démontra un envahissement de la peau par le cancer. Cette annonce la secoua rudement : le cancer revenait, et elle n'était plus aussi confiante que la première fois...

Il lui a fallu toute sa détermination pour qu'elle reprenne le chemin de la lutte contre le cancer. Elle commença alors une chimiothérapie, et à sa grande joie toutes les lésions cutanées disparurent, lui donnant ainsi une bonne période de rémission. Il y a quelques semaines, cependant, une masse est apparue dans l'autre sein. Pour la troisième fois, Denise est ébranlée. À travers l'encouragement soutenu de l'équipe soignante, la présence discrète et fidèle de son mari et son cheminement, elle accepte les yeux remplis d'espoir de recommencer une autre fois...

Ces trois exemples illustrent l'importance d'une approche humanitaire pour contrôler la détresse émotionnelle. Mes patients m'ont appris combien il est essentiel de maintenir leur intégrité aussi bien psychologique que physique pour assurer leur bonheur et leur fonctionnement dans notre société.

Pour annoncer une mauvaise nouvelle médicale, il faut le faire préférablement dans un bureau privé, en utilisant beaucoup de tact, de chaleur humaine et en étant à l'écoute des besoins et des réactions du patient. L'information devrait être fournie au rythme qui maintient le bien-être du malade. En effet, c'est en prenant le temps qu'il faut et à partir d'un tel dialogue que s'établira entre le médecin et le patient une complicité avec des liens de coopération qui faciliteront le processus d'évaluation de la maladie et de son traitement.

Au cours de ces entretiens avec le malade, tout en disant la vérité, le fil de l'espoir doit être maintenu, car comme l'a dit le philosophe Teilhard de Chardin : « Le monde appartiendra à celui qui pourra lui offrir la plus grande espérance. »

2 mai 1993

L'euthanasie ou la vie ?

DEUX ÉVÉNEMENTS RÉCENTS VIENNENT RELANCER LE DÉBAT SUR L'EUTHANASIE. D'UNE PART, LE PARLEMENT HOLLANDAIS A APPROUVÉ UN PROJET DE LOI PERMETTANT L'EUTHANASIE VOLONTAIRE À LA DEMANDE DU PATIENT. D'AUTRE PART, UNE RÉSIDENTE DE VICTORIA, MADAME SUE RODRIGUEZ, A DEMANDÉ À LA COUR SUPRÊME DU CANADA DE DÉCLARER INCONSTITUTIONNEL L'ARTICLE DU CODE CRIMINEL INTERDISANT L'AIDE AU SUICIDE.

Atteinte de la maladie de Lou Gehrig, une dégénérescence incurable du système nerveux, cette mère de 43 ans désire obtenir le droit de se suicider avec l'aide d'un médecin, quand sa maladie progressera et qu'elle sera incapable de se prendre en charge.

Du côté de la Hollande, il est intéressant de noter que le Parlement vient déjà d'être saisi d'un autre projet de loi, permettant cette fois l'euthanasie «involontaire», c'est-à-dire celle imposée aux malades mentaux et aux nouveau-nés malformés. Cette pratique pourrait s'étendre éventuellement à ceux qui sont considérés comme un «poids» pour la société... Imperceptiblement, la Hollande risque de glisser sur une pente dangereuse qui l'acheminerait vers une banalisation de la dignité humaine et une sélection des gens qui doivent vivre... Au lieu d'une telle rationalisation inhumaine, ce dont nous avons besoin, c'est d'un surcroît de compassion pour soulager la misère du monde.

Quant à Sue Rodriguez, il est important qu'elle soit prise en charge par ses médecins plutôt que par la Société canadienne pour le droit de mourir. En effet, une percée décisive vient d'être faite dans la lutte contre la maladie de Lou Gehrig, grâce à l'identification du gène responsable. Cette découverte appartient à l'équipe du docteur Jean-Pierre Julien, du Centre d'excellence sur la régénération neurale de l'Université McGill. Cette découverte permettrait l'essai d'éventuels médicaments. Alors courage, madame Rodriguez, tout espoir n'est pas perdu. De plus, vous avez dû entendre parler du célèbre physicien Stephen Hawking, qui, atteint de la même maladie, est confiné au fauteuil roulant. Malgré sa paralysie, il poursuit son travail à l'Université de Cambridge et vient de publier un best-seller, qui est un hymne à la vie... Je suis persuadé que vous pouvez en faire autant, car la vie ne demande qu'à être découverte.

Il est vrai que, selon un sondage récent d'Angus Reid, une majorité de Canadiens sont favorables à la légalisation de l'euthanasie sous la forme d'une aide médicale au suicide pour les personnes atteintes d'une maladie en phase terminale. Cette réponse du public est probablement une réaction de frustration face au fait que la majorité des membres de notre société finissent leurs jours en milieu hospitalier dans la plus grande et la plus froide solitude. Que de fois j'ai vu ce silence et cet absentéisme familial qui entouraient nos malades dans nos établissements de santé... D'où la nécessaire remise en question de nos façons de voir et d'approcher la mort.

Mais si, comme cela se fait dans certaines unités de soins palliatifs, nous apportons aux malades en phase terminale une présence affectueuse, une écoute de leur vie et de leur être, en plus des médicaments pour supprimer la douleur, c'est alors que s'établit un contact merveilleux, un dialogue qui franchit tous les masques de notre société pour atteindre l'essentiel et aller « vers le Un ».

Dans *Le chant du cygne,* le trappiste Yves Girard nous dit que le mourant est un naufragé qui cherche désespérément un rocher auquel il pourrait s'agripper : « Quelqu'un qui puisse le guider à travers cet inconnu, comme dans un pays où il aurait déjà parcouru tous les carrefours et connaîtrait toutes les avenues. Quelqu'un qui, par son calme, peut le persuader que ce qu'il vit n'est pas une fin mais un commencement, une entrée dans la paix [1]. »

C'est lorsque nous apprendrons à aimer que l'euthanasie n'aura plus sa place dans notre monde contemporain.

---

1. Collectif sous la direction de J. Dufresne. *Le chant du cygne.* Éditions du Méridien, Montréal, 1992.

Pour soulager la douleur

LORS DE SON RÉCENT CONGRÈS À PARIS EN AOÛT, LA SOCIÉTÉ INTERNATIONALE POUR L'ÉTUDE DE LA DOULEUR A SOULEVÉ LE DÉBAT SUR LA PERTINENCE DE SOIGNER ADÉQUATEMENT LA DOULEUR CHRONIQUE ET REBELLE, PARTICULIÈREMENT LA DOULEUR ANTICANCÉREUSE.

Tous les spécialistes sont d'accord pour dire qu'il est possible avec l'arsenal thérapeutique moderne de supprimer ou d'atténuer la souffrance chez 95 % des patients qui ont une douleur reliée au cancer. Sachant que 10 à 15 % de ces patients ont une douleur dès le début de la maladie, 30 à 40 % au cours de son évolution et environ 80 % en phase avancée et disséminée, comment se fait-il donc qu'uniquement la moitié de ces malades bénéficient du traitement moderne antidouleur ? La plupart des études mondiales effectuées à ce sujet ont révélé une aberration : « La douleur cancéreuse est souvent traitée insuffisamment [1]. »

Cette anomalie nécessite d'être corrigée rapidement. C'est dans ce contexte, que l'Organisation mondiale de la santé (OMS), à la suite du rapport d'un comité d'experts publié en 1990, a émis une déclaration officielle où elle « demande aux gouvernements de tous les pays d'organiser un enseignement systématique des traitements de la douleur, de veiller à ce que leurs législations contrôlent l'usage des opiacés (la morphine), n'empêchent pas les malades d'en

---

1. Twycross, R. « Incidence of pain ». *Clin. Oncol.,* 3 : 5-15, 1984.

bénéficier lorsqu'ils en ont besoin, d'adhérer au réseau de diffusion des connaissances concernant la douleur et son traitement, et de favoriser la diffusion de l'information nécessaire, afin que les familles prennent conscience que la douleur n'est pas inévitable, et qu'elle est presque toujours maîtrisable».

La morphine ou ses dérivés reste le meilleur médicament qui soulage la douleur cancéreuse chez 85 % des patients. Malheureusement, elle est sous-utilisée dans plusieurs pays. Selon l'OMS, 10 pays utilisent 75 % de la production mondiale de ce médicament. En tête, on trouve le Danemark, la Nouvelle-Zélande, le Royaume-Uni et l'Islande. Et 133 autres nations se partagent les 25 % restants[2].

La différence énorme dans l'utilisation de la morphine médicale d'un pays à l'autre est mieux appréciée par la statistique suivante du Bureau international pour le contrôle des narcotiques : «En 1987, l'Inde, avec sa population de 800 millions d'habitants, n'a utilisé que 150 kg de morphine médicale. À l'opposé, le Danemark qui n'a qu'une population de 5 millions d'habitants a consommé approximativement la même quantité de morphine[3].»

Les raisons fréquentes invoquées pour expliquer la sous-utilisation de la morphine sont : la peur de créer une accoutumance ou d'en abuser, la difficulté financière dans certains pays de se procurer des médicaments coûteux pour atténuer la souffrance, la régulation bureaucratique excessive telle qu'en France où un carnet à souches est indispensable pour pouvoir prescrire de la morphine et

---

2. Jeanblanc, A. «Souffrances inutiles : le retard français». *Le Point*, n° 1092, 21-27 août 1993.

3. Grossman, S. et Cherny, N. «Mise à jour sur le traitement de la douleur». *Advances in Oncology*, août 1993.

finalement l'acceptation par certains de la douleur comme une conséquence inévitable de la maladie.

En fait, il existe maintenant une stratégie optimale pour le traitement de la douleur. Tout d'abord, la sélection du médicament est importante. L'OMS a proposé l'utilisation d'une échelle analgésique comportant trois niveaux pour la sélection d'un médicament analgésique basée sur l'intensité de la douleur. Les maladies avec une douleur légère modérée doivent recevoir un analgésique simple tel que l'Aspirine, l'acétaminophène (Tylénol) ou les anti-inflammatoires non stéroïdiens (tels que le Naprosyn). Si la douleur n'est pas soulagée, une pilule composée contenant un analgésique simple et un opiacé (tel que la codéine) est alors utilisée. À cela peut être ajouté un co-analgésique tel que l'amitriptyline (un antidépresseur) ou les corticostéroïdes.

Finalement, les malades qui ne répondent pas à cette deuxième échelle d'analgésie ou ont d'emblée une douleur aiguë doivent recevoir de la morphine ou l'un de ses dérivés. La deuxième stratégie est l'administration des opiacés selon un programme régulier et continu qui éliminerait la sensation de douleur. Il n'existe pas de dose standard ni de limite supérieure. La bonne posologie est celle qui est individualisée pour soulager chaque malade. Par exemple, en l'absence d'un atténuation de la souffrance, la dose de morphine est graduellement augmentée jusqu'à l'obtention du résultat désiré. La stratégie subséquente est de prévenir et de traiter les effets secondaires des opiacés, notamment la constipation et les nausées. Enfin, il existe une série de techniques non invasives pour promouvoir l'équilibre entre une analgésie optimale et un minimum d'effets secondaires.

Dans tout ce contexte du contrôle de la douleur, un élément clé existe: le sens que le malade donne à la souffrance. C'est ainsi que, lors du congrès international à

Montréal sur le processus de la guérison, l'éminent doc-teur Éric Cassell de l'Université Cornell de New York a rappelé que «la médecine moderne a tendance à être orientée vers le traitement du corps. Or, la véritable souf-france accable toute la personne et elle n'est pas seulement psychologique ni seulement physique, elle est aussi spi-rituelle.»

Face à cette dimension spirituelle qui s'ouvre à nous et qui échappe à toute forme de contrôle technologique, nous avons un choix à faire: on peut continuer à fuir en avant, à courir après sa vie, à ignorer l'Être suprême qui nous interpelle discrètement ou accueillir son message: accepter de se laisser aimer de Dieu malgré la souffrance... Pour Jean-Paul II, c'est «par le Christ que s'éclaire l'énigme de la douleur qui hors de l'Évangile nous écrase».

L'espérance au cœur

DU 29 SEPTEMBRE AU 1ᴱᴿ OCTOBRE 1993 SE DÉROULERA À L'ESTÉREL LE QUATRIÈME COLLOQUE DE L'UNITÉ DES SOINS PALLIATIFS (USP) DE L'HÔPITAL NOTRE-DAME. CETTE UNITÉ, MISE SUR PIED EN 1979, EST DEVENUE UN LEADER EN SOINS PALLIATIFS DANS LE MONDE FRANCOPHONE.

On constate aujourd'hui l'émergence d'un réseau de soins palliatifs un peu partout à travers le Québec. Cela est dû au fait que, contrairement à autrefois alors que l'on mourait entouré des siens, 80 % des gens meurent aujourd'hui en institution, souvent dans le silence et la plus froide solitude. C'est donc pour entourer les patients atteints de cancer en phase terminale d'une chaleur humaine et de soins médicaux appropriés par une équipe multidisciplinaire, que se sont formées dans les centres hospitaliers des unités spécialisées en soins palliatifs.

D'autre part, plusieurs organismes bénévoles ont suivi ce mouvement d'aide à ceux qui vivent la dernière étape de leur vie en ouvrant des maisons, véritables havres de paix et de solidarité, capables de prendre en charge ces malades et d'apporter le soutien nécessaire aux familles. C'est le cas de la Maison Michel-Sarrazin à Québec (devenue maintenant un hôpital), la Maison Vallée des Roseaux à Baie-Comeau, la Maison Victor-Gadbois de la Montérégie, la Maison Colombe-Veilleux de Dolbeau et le Mouvement Albatros 04 de Trois-Rivières. Il faut applaudir le courage et l'initiative de ces individus d'élite qui ont bâti ces maisons. Elles fonctionnent de façon autonome et indépendante, grâce à des activités de collecte de fonds qui leur permettent de s'autofinancer.

Récemment, plusieurs grands hôpitaux, tel l'hôpital Laval, incapables d'avoir le budget nécessaire pour créer une unité distincte, se sont dotés d'une équipe ambulatoire de soins palliatifs qui répond aux demandes de consultation de l'ensemble de l'hôpital.

Selon le docteur Maurice Falardeau, président de l'Association québécoise de soins palliatifs et directeur de l'USP de l'hôpital Notre-Dame, le mouvement des soins palliatifs au Québec est devenu une grande chaîne de solidarité fraternelle où la force d'une unité devient la force des autres. Il souhaite que l'approche humaine et les valeurs spirituelles utilisées dans ces unités débordent pour atteindre d'autres secteurs de soins, tels ceux aux sidéens ou aux patients des unités de soins prolongés, pour devenir une philosophie intégrale de l'approche des malades.

En fait, la personne qui va mourir n'a pas uniquement besoin de médicaments pour soulager sa douleur. Le malade en phase terminale désire intensément la main tendue et l'oreille attentive d'un être humain chaleureux qui va l'élever de la médecine stricte vers la dimension spirituelle. Celle qui a trait aux valeurs et au sens des choses. Le malade sait aussi mieux que quiconque qu'il est autre chose qu'un corps et un esprit, il est aussi une âme. Il désire donc l'espérance authentique de quelqu'un qui, par son dialogue, l'aidera à renouer et à communier avec l'Autre.

C'est dans ce contexte que l'aumônier fait partie intégrante de l'équipe multidisciplinaire de l'USP. D'après l'abbé Paul Delage, aumônier à l'hôpital Notre-Dame, les aspects les plus importants de l'œuvre pastorale auprès de ces malades sont le soutien par une présence discrète, l'accompagnement par l'écoute avec le cœur et la réconciliation avec la famille et avec Dieu si tel est le désir du patient. «Souvent, dit-il, les malades me font des confidences et disent savoir que la mort est proche malgré qu'on la leur masque. Ils désirent que nous soyons une prière vivante, capables de transmettre Celui qui est Amour. S'ils perçoivent en nous cette lumière intérieure et qu'ils ont la foi chrétienne, ils sont alors prêts à recevoir l'onction des malades qui leur donne une grande paix et le courage de se préparer au passage à la vie éternelle. Dans une société pluraliste, l'expression de notre foi et des concepts religieux peut paraître inappropriée. Mais la mort fait partie de la vie et elle revêt un caractère religieux. À mes amis d'autres croyances ou qui ne croient pas, je répète cette phrase d'Albert Camus, grand humaniste et lauréat du prix Nobel de littérature en 1957 : ‹Nous travaillons côte à côte pour quelque chose qui nous unit au-delà du blasphème et des prières[1].›»

À la suite de cet entretien, j'ai visité une de mes patientes, Louise, qui avait été transférée à l'USP. Âgée de 38 ans, elle souffre d'un hypernéphrome (cancer au rein) disséminé. En me voyant entrer dans sa chambre, elle me fit la fête. Elle était sereine et voulait me raconter tout ce qui s'était passé depuis son transfert. Lorsque je l'ai quittée, nous nous sommes embrassés et j'ai soudainement réalisé que ce sont les malades qui me donnent le courage de témoigner et de continuer d'être...

---

1. Camus, A. *La Peste*. Larousse, Paris, 1947.

12 décembre 1993

Pour prévenir le sida

LE MERCREDI 1ᴱᴿ DÉCEMBRE, PARTOUT À TRAVERS LE MONDE, ON A SOULIGNÉ LA JOURNÉE MONDIALE DU SIDA PAR DES MANIFESTATIONS ET DES SPECTACLES DE TOUS GENRES.

Dans plusieurs métropoles, les lumières étincelantes des places publiques se sont éteintes durant quelques instants à la mémoire des victimes de la pire épidémie de tous les temps. Au centre-ville de Montréal, des représentants du CLSC Métro ont remis aux passants des condoms épinglettes et des dépliants sur le Centre d'intervention du sida du CLSC, ainsi que des rubans rouges en guise de soutien aux victimes de ce fléau moderne.

Un peu partout en Occident, on a vanté, en cette journée, l'action préventive du préservatif. Pourtant, les statistiques mondiales révèlent une progression constante du sida au cours des 10 dernières années : il y a 10 millions de séropositifs dans le monde, et les prévisions sont de l'ordre de 40 millions de victimes en l'an 2000. Au Québec, la courbe est ascendante avec 12 000 séropositifs et environ 2500 cas de sida déclarés depuis le début de l'épidémie. En Europe, c'est la France qui détient le plus fort taux avec 23 000 malades. Les différentes couches de notre société sont atteintes, y compris les groupes minoritaires depuis quelques années, tels les hétérosexuels et les femmes.

Dans son rapport sur le sida remis récemment au premier ministre de la France, l'étoile du sida, le professeur Luc

Montagnier, de l'Institut Pasteur, n'hésite pas à dire que le fort taux de malades est dû notamment à l'échec de la prévention. Et cela, même si la vente de préservatifs en France est passée de 40 millions en 1986 à 117 millions en 1992... Le rapport Montagnier fait le constat d'un relatif échec du vaccin, des traitements et surtout de la prévention. Il propose donc une lutte anti-sida mieux coordonnée sur tous les axes, soit l'éducation, les soins, la recherche et la prévention. C'est ce dernier axe qui est le plus urgent dans cet éventail.

Il y a en fait trois moyens de se protéger contre la maladie du sida : la fidélité, la continence et le préservatif. Mais avant de pousser plus loin le dialogue, il est important de savoir quelle perception ont les jeunes de ces questions. Un sondage dans ce sens a été récemment réalisé en France, auprès de 535 personnes âgées de 15 à 24 ans, pour le magazine pour étudiants *Talents* et le quotidien *La Croix – L'Événement.* Une des questions posées portait justement sur les moyens de stopper l'épidémie. Si le préservatif est cité par la moitié des 15-24 ans, l'espoir placé dans les progrès de la médecine vient juste derrière, et le tiers des personnes sondées, particulièrement les femmes, fait confiance à la fidélité[1]. Elles sont persuadées que la fidélité est l'un des moyens d'enrayer l'épidémie.

Xavier Lacroix, directeur de l'Institut des sciences de la famille à Lyon et père de trois enfants, commentant le sondage, établit les bases acceptables par tous d'une éthique de la sexualité. Tout en reconnaissant le condom comme solution de première urgence, il suggère « une démarche qui se résume en quatre temps : le corps est un langage ; il m'engage ; je suis appelé à la responsabilité ; l'éthique exige une triple interprétation. En effet, la sexualité est constituée de

---

1. Le sondage « Jeunes » SCP - *La Croix – L'Événement,* 12 juin 1993.

gestes de tendresse qui ont une signification. Caresser par exemple, c'est célébrer le corps de l'autre. Mais la caresse est moins conquête que quête poétique gratuite. Elle rime avec tendresse, mais aussi avec promesse. C'est en ce sens que le corps nous engage, car la voie de l'éthique nous appelle à la cohérence. C'est là qu'intervient la responsabilité: on est responsable de l'autre devant soi, car l'autre se livre dans sa faiblesse et sa vulnérabilité. Finalement, une éthique de la sexualité politique, une intégration au temps qui passe par la fidélité, à la dimension sociale en incarnant des valeurs et un certain type d'humanité et enfin à la dimension de fécondité qui oriente la relation vers un avenir [2]. » Selon Xavier Lacroix, la famille et l'école ont une responsabilité première dans cette démarche, suivies des groupes communautaires.

Nos moyens actuels de prévention du sida sont donc nettement insuffisants, et le professeur Montagnier ne mâche pas ses mots en insistant sur la nécessité d'une «nouvelle politique scolaire, qui ne serait plus fondée uniquement sur l'éducation sexuelle, mais serait une éducation à la prise en charge du corps, à des conduites de responsabilisation». Les malades atteints du sida comprennent ce langage, et aux États-Unis le slogan *Sex Respect* commence à remplacer le *Safe Sex*. C'est là que réside l'avenir...

Chez la plupart des sidéens, on retrouve, en effet, un processus de maturation. Il y a soudainement en eux une qualité de présence qui trouble, un courage et une lucidité qui ébranlent... Justement, il y a quelques jours, j'ai soigné un jeune homme hospitalisé à Notre-Dame et qui souffrait d'un herpès buccal, le visage boursouflé de nodules tumoraux douloureux (sarcome de Kaposi). Sa souffrance physique était maintenue à un niveau acceptable par les narcotiques,

---

2. Gentil-Baichis, Y. «Entrevue avec Xavier Lacroix». *La Croix – L'Événement,* 12 juin 1993.

mais sa difficulté à respirer était augmentée par l'angoisse. Son père et sa mère étaient à ses côtés et l'encourageaient par des mots et des gestes remplis de tendresse. J'essayais moi aussi de le réconforter. Il me regarda soudain avec sérénité et me dit: «Quand je suis seul et que j'ai peur, je parle à Dieu...»

27 février 1994

Au-delà de l'euthanasie [1]

SUE RODRIGUEZ N'EST PLUS. ASSISTÉE PAR UN MÉDECIN, ELLE AVAIT DÉCIDÉ DE METTRE FIN À SES JOURS LE 12 FÉVRIER 1994. ÂGÉE DE 43 ANS, CETTE MÈRE DE FAMILLE DE VICTORIA, ATTEINTE DE SCLÉROSE LATÉRALE AMYOTROPHIQUE, UNE DÉGÉNÉRESCENCE INCURABLE DU SYSTÈME NERVEUX, N'ÉTAIT PLUS CAPABLE DE MARCHER ET DE BOUGER SANS AIDE. ELLE AVAIT PEUR DE MOURIR ASPHYXIÉE EN DÉTRESSE RESPIRATOIRE.

C'est pour cette raison qu'elle voulait obtenir le droit de se suicider avec l'aide d'un médecin. Pour cela, elle avait demandé à la Cour suprême du Canada de déclarer inconstitutionnel l'article du Code criminel interdisant l'aide au suicide. En septembre 1993, les juges du plus haut tribunal du pays décidaient par cinq voix contre quatre de maintenir la validité constitutionnelle de l'article 241B du Code criminel qui défend le suicide assisté. La Cour suprême arrivait ainsi à cette conclusion en privilégiant le caractère sacré de la vie sur le droit de se donner la mort. Le décès de Sue Rodriguez relance ce débat déchirant de notre société, et le ministre de la Justice, Allan Rock, a annoncé que le Parlement canadien serait amené à débattre de la question.

En tant qu'oncologiste, je suis souvent confronté à des patients qui souffrent d'un cancer avancé. Certains

---

1. Une partie de ce texte a été aussi publiée dans la revue *L'Église de Montréal*.

d'entre eux sont graduellement portés à démissionner, à ne plus vouloir lutter. Ils demandent alors à leur médecin traitant de les aider à mettre un terme à leur vie. Or, la médecine moderne possède les moyens de soulager et de contrôler la douleur physique, tout en gardant au patient une capacité de fonctionner et une qualité de vie acceptable, même dans des cas de maladie incurable avancée. Alors, où résident la détresse et le désespoir qui amènent le patient à désirer en finir le plus rapidement, aidé par son médecin?

J'ai discuté de cela avec l'une de mes patientes, Louise, qui souffre d'un cancer avancé depuis sept ans et qui se bat avec un courage exceptionnel pour «gagner à la loterie de la santé». Grande et robuste, avec des yeux qui pétillent de bonté et de détermination, cette femme dans la cinquantaine a subi une opération majeure pour un cancer avancé de l'urètre avec exérèse de la vessie, des trois quarts du vagin et l'installation d'une urostomie (sac installé sur l'abdomen pour recueillir l'urine). À deux reprises, elle a reçu une chimiothérapie intense au Centre d'oncologie de l'hôpital Notre-Dame, pour faire échec aux métastases (dissémination du cancer dans des sites distants de la première localisation). Louise me dit que «l'annonce des métastases avait opacifié le voile noir qui recouvrait son existence depuis le diagnostic du cancer». Elle réalisait soudainement que la barrière de son horizon se rapprochait... Mais, depuis qu'elle est en rémission, elle rayonne: «Sachant mon parcours terrestre raccourci, je ne veux plus remettre à plus tard. J'apprécie chaque moment qui passe et mon avenir est le présent. Ma tâche la plus importante maintenant est de donner du bonheur et le meilleur de moi-même. Après toutes les pertes et mutilations que j'ai subies et avec le peu d'énergie qui me reste, c'est maintenant ma mission quotidienne. »

Quant au sujet de l'euthanasie active et du geste posé par Sue Rodriguez, Louise est ambivalente. D'une part, elle affirme que c'est une décision personnelle reliée à une détérioration de la qualité de vie: «Elle a fait ce qu'elle a cru bon de faire...» D'autre part, Louise me mentionne avec fermeté: «Je ne ferais pas ce qu'elle a fait. Je me bats continuellement pour améliorer ma qualité de vie et ne pas me décourager par les coups de griffes de la vie. Il ne faut pas aussi oublier la souffrance morale qui est plus difficile à supporter que la souffrance physique. Dans ce sens, j'ai eu l'appui de la cellule familiale et médicale. Sans ce soutien, j'aurais pu être balayée par les grandes inquiétudes, la peur et l'angoisse qui nous étreignent face à la maladie grave. La prière m'a tant aidée...»

Au cours des années et en vivant avec les patients en phase terminale, j'ai réalisé que la souffrance morale du patient est plus dévastatrice que la souffrance physique. En effet, la plupart de nos malades finissent leurs jours dans la plus grande et la plus froide solitude. Lors d'une conférence de presse, le député néo-démocrate Svend Robinson a mentionné: «Vendredi soir, Sue a soupé avec Henry (son mari) et son fils. Samedi matin, Henry et son fils ont quitté la maison. Je suis arrivé plus tard. Sue était seule[2]...» Son mari et son fils ne sont revenus qu'après son décès.

La personne qui souffre languit de rencontrer le regard aimant de l'autre. Si cette étincelle jaillit, alors l'être humain s'accroche à la vie et se transforme, car il est essentiellement espérance... Oui, le malade en phase terminale désire intensément la main tendue et l'oreille attentive d'un être chaleureux qui va l'élever du quotidien morose vers la dimension spirituelle. Celle qui a trait aux valeurs et aux sens des choses. Combien de cancéreux et sidéens en phase avancée m'ont confié qu'ils savent qu'au-delà de leurs corps mutilés ils ont aussi une âme! Ils aspirent à l'espérance

---

2. Lortie, M.-C. «Svend Robinson était avec elle quand Sue Rodriguez est morte». *La Presse*, 15 février 1994.

authentique de quelqu'un qui, par son dialogue, les aiderait à renouer et à communiquer avec l'autre. Pourtant, que de fois, dans notre société individualiste, nous nous dérobons à accomplir cet acte de générosité et d'amour.

Et si nous effectuons ce don, alors les malades en phase terminale accomplissent des transformations inespérées envers ceux et celles qui les entourent. Dans ce dépassement de la Vie, la mort peut nous surprendre mais qu'importe, nous sommes prêts car nous avons alors terminé notre mission sur cette terre...

9 novembre 1997

Toute personne
est une histoire sacrée

LA DEMANDE DU DÉPUTÉ NÉO-DÉMOCRATE SVEND ROBINSON DE
TENIR UN VOTE LIBRE AUX COMMUNES SUR L'EUTHANASIE ET
L'AIDE AU SUICIDE RELANCE LE DÉBAT DE SOCIÉTÉ SUR LA VIE
ET LA MORT.

Cette demande a été formulée après le décès récent d'un
citoyen de la Colombie-Britannique, trouvé mort dans un
motel de la banlieue de Detroit, apparemment d'un suicide
assisté par le médecin américain Jack Kevorkian[1].

Mais qu'est-ce qui pousse un patient avec une maladie
avancée à demander «l'aide au suicide»? Les deux raisons
les plus invoquées sont la peur de souffrir et la crainte de
perdre sa dignité. Or, le médecin moderne possède actuellement les moyens de soulager la douleur physique. À cet
effet, l'Organisation mondiale de la santé a même établi des
lignes directrices comportant une «échelle analgésique» à
trois niveaux, de façon à réduire de façon optimale la
douleur.

Malheureusement, chez plusieurs patients, on n'arrive pas
à diminuer la douleur autant qu'on le souhaiterait. Ce fait
vient d'être souligné par les spécialistes réunis lors du
deuxième congrès européen sur la douleur qui a récemment eu lieu à Barcelone: «De 80 à 90 % des douleurs

---

1. Nouvelles, «Suicide assisté». *La Presse*, 23 septembre 1997.

chroniques, les plus graves, souvent liées à une maladie comme le cancer ou le sida, pourraient être soulagées par la morphine, mais en réalité, moins de la moitié le sont. »

Selon une étude menée auprès des responsables en santé publique de 32 pays, les réticences les plus communes à l'emploi de la morphine sont : la peur de l'accoutumance, le manque de formation des équipes médicales et la peur de poursuites...

C'est dans ce sens que le Comité sénatorial sur l'euthanasie et l'aide au suicide a recommandé dans son rapport que la formation de tous les professionnels de la santé en matière de traitement de la douleur soit élargie et améliorée. D'autre part, il n'y a que très peu de place pour l'acharnement thérapeutique et ledit comité a recommandé à ce sujet d'établir des lignes directrices régissant l'abstention et l'interruption de traitement de survie [2].

Et qu'en est-il de la préservation de la dignité du malade ? En de multiples cas, une fois la douleur physique écartée, la souffrance morale du patient peut se transformer en une réconciliation avec la vie, grâce, entre autres, à l'accompagnement réalisé dans les unités de soins palliatifs (USP).

L'écoute et le respect du malade sont au centre de la philosophie de ces unités et témoignent justement au patient de sa dignité au moment où il a tendance à se percevoir comme un fardeau... Les attentions qu'on lui témoigne lui confirment sa valeur et son appartenance à sa communauté.

L'expérience des USP nous fait prendre conscience d'une réalité : seul l'amour permet d'honorer la dignité de la personne. « Mourir dans la dignité » ne peut donc pas devenir

---

2. Sénat du Canada. *De la vie et de la mort, Rapport du Comité sénatorial sur l'euthanasie et l'aide au suicide,* juin 1995.

le motif de légalisation de l'euthanasie et de l'aide au suicide.

Écoutons aussi ce que Doris Lussier nous dit sur la mort: «Mourir, ce n'est pas finir, c'est continuer autrement. Un être humain qui s'éteint, c'est un immortel qui commence. La mort, ce n'est pas une chute dans le noir, c'est une montée dans la lumière. Notre âme est immortelle...»

Dans son dernier livre *Toute personne est une histoire sacrée,* Jean Vanier nous dit que «devant la souffrance, la maladie, la mort, la faiblesse, il peut y avoir le réveil à l'amour et à la compassion, comme il peut y avoir la fuite dans les idées et des théories, et par le fait même dans l'endurcissement du cœur... Si nous osons pénétrer dans le monde de la souffrance extérieure à nous, alors nous serons libérés de nos peurs et de nos besoins de fuir ailleurs. Nous deviendrons des porteurs d'espérance [3]. »

---

3. Vanier, J. *Toute personne est une histoire sacrée,* Plon, Paris, 1994.

Tes premières paroles

Tes premières paroles
Je reconnus leur musique
Un gai matin d'été
Alors que Montréal
Se chantait du blues
Et que le soleil
Éclatait dans tes yeux

Elles dansaient
Comme au printemps,
Les fleurs des champs,
Vêtues de ton sourire
Elles m'invitaient
Et je te voyais
Entrer déjà
– Tu valsais à grands pas –
Dans le bois enchanté
De mon cœur

Le cœur a sa raison.
Il avait vibré
Lui aussi avait dansé
Comme il ne l'avait
Cru jamais possible.
Ta musique
L'avait emporté...
Et c'est à cette mesure
Qu'il bat aujourd'hui
Et encore
Le bal, tu sais,
N'est qu'à son début

Patricia Ayoub
Avril 1991
C'était le 4 juillet 1989

VII

La santé
physique
et spirituelle

Voir la lumière du monde

SELON LE DOCTEUR LAURENT LAMER, OPHTALMOLOGISTE RÉTI-
NOLOGUE À L'HÔPITAL NOTRE-DAME, LA CATARACTE ET LA
RÉTINOPATHIE DIABÉTIQUE RESTENT PARMI LES PROBLÈMES DE
DÉFICIENCE VISUELLE LE PLUS FRÉQUEMMENT RENCONTRÉS.

Chez les personnes âgées atteintes de la cataracte, cette opacité du cristallin qui produit une cécité partielle, l'intervention chirurgicale par l'implantation d'une lentille artificielle donne des résultats excellents, dont un retour surprenant d'une vision normale dans la majorité des cas. Mais il n'en est pas de même pour les troubles de la vision causés par le diabète.

Connus sous le nom de rétinopathie diabétique, ces troubles sont permanents et constituent, en Amérique du Nord, la principale cause de cécité chez les personnes âgées de 20 à 74 ans. Il s'avère, en effet, que le diabète induit des changements aux petits vaisseaux de l'œil: leurs parois deviennent défectueuses et perméables au sang et à ses constituants.

Le docteur Lamer m'explique que, par comparaison, tout se passe comme si la tuyauterie d'une maison se mettait à couler de partout, occasionnant de multiples dégâts. De plus, cette rétinopathie est sournoise en ce sens qu'elle ne cause pas de symptômes visuels au moment où le traitement est le plus efficace, d'où l'importance de l'examen oculaire régulier chez tout diabétique.

C'est réellement la « photocoagulation au laser » qui a aidé à freiner la détérioration de la vision chez les diabétiques. Cette technique ne peut pas récupérer la vision déjà perdue, elle limite simplement les dommages. Dans ce contexte, il est primordial que le médecin prenne le temps de dialoguer avec le patient afin que ce dernier comprenne exactement la nature de sa maladie et les limites du traitement au laser.

Mais ce n'est pas tout! Le docteur Lamer me souligne aussi l'importance de la relation humaine : il se met à l'écoute des inquiétudes de ses patients et leur répond en apportant toute sa compréhension et sa compétence.

C'est ce que j'ai réalisé en rencontrant l'un de ses patients, Marcel. Âgé de 64 ans, il est traité par son médecin de famille pour un diabète nécessitant des injections régulières d'insuline. Il y a un an, il a remarqué que sa vue devenait de plus en plus floue malgré un ajustement de ses verres. Sa condition visuelle continua alors à se détériorer avec l'apparition d'une double vision. Après avoir subi les tests appropriés, il apprit qu'il était atteint de cataracte aux deux yeux et qu'il avait aussi une rétinopathie causée par son diabète.

Marcel a donc été opéré initialement pour l'extraction de la cataracte de l'œil gauche, l'implantation d'une lentille artificielle en plus d'un traitement au laser. Il fut surpris des résultats : la vue opaque et la double vision avaient disparu. C'est neuf mois plus tard, au lendemain de sa deuxième opération pour la cataracte de l'œil droit, que je faisais en fait sa connaissance à la Clinique d'ophtalmologie. Quand le docteur Lamer lui enleva le pansement pour examiner son œil opéré la veille, il s'écria : « Je vois clair avec mes deux yeux.» Il était si heureux qu'il m'avoua qu'il reprendrait cet hiver son sport favori : le ski alpin !

Elzéar, lui, ne fut pas aussi chanceux que Marcel. Âgé de 58 ans, il est aveugle depuis 20 ans. Il était camionneur et avait remarqué qu'il ne voyait plus clair devant lui. Il avait donc été envoyé à un ophtalmologiste à Québec qui diagnostiqua une maladie rare de la rétine, la « rétinite pigmentaire ». Il fut opéré à l'œil droit, avec 20 % de possibilité de recouvrer une partie de sa vue. L'opération n'apporta malheureusement pas les résultats escomptés, et il a dû réorganiser sa vie en conséquence.

Grâce à l'Association canadienne-française pour les aveugles, il travailla comme machiniste dans leur atelier de travail. Hélas, cette association ferma ses portes en 1979, et depuis, il est resté sans travail et se sent oisif. Il essaya de s'occuper en jouant de l'accordéon à la station du métro Rosemont mais, après quelques mois, il fut chassé de là.

C'est alors qu'il rencontra, à un club d'aveugles, Lise, elle-même atteinte de basse vision. Ils se sont aimés et ils vivent maintenant ensemble. Elle est devenue son guide et ils s'aident mutuellement. Elzéar reste cependant révolté contre la société qui lui semble injuste envers les aveugles. En me quittant, il me dit : « J'ai beaucoup de loisirs, je suis stable financièrement, mais j'aimerais tellement travailler pour me valoriser. »

L'amertume d'Elzéar me laisse songeur. Je me demande ce que notre société peut faire pour aider les aveugles à réintégrer le marché du travail, afin qu'ils soient valorisés et qu'ils aient le goût de vivre.

22 novembre 1992

Pour un don gratuit

PLUS DE LA MOITIÉ DES MALADES QUI ONT SUBI UNE TRANS-
PLANTATION DU CŒUR, DU FOIE OU DU REIN ONT EU UNE SURVIE
SUPÉRIEURE À CINQ ANS.

Grâce à l'évolution de la haute technologie et l'utilisation
d'immunosuppresseurs puissants comme la cyclosporine,
la vie de certains malades en phase terminale est réellement
sauvée et de grands espoirs sont permis. Un exemple frappant est celui de Bernard Beaudoin, greffé cardiaque
depuis 1988, que je rencontrais récemment à la sortie de la
messe de la chapelle de l'hôpital Notre-Dame. Âgé de
57 ans, il souffrait d'une maladie cardiaque grave et inca-
pacitante, une cardiomyopathie, et sa seule chance de
survie était la transplantation d'un cœur. Il a dû attendre
3 ans avant d'obtenir le cœur compatible d'un jeune de
19 ans, décédé à la suite d'un accident de moto. Durant cette
longue période, Bernard a puisé ses forces dans sa foi et
dans le service aux autres.

En effet, je le voyais souvent longer les corridors de l'hôpital, allant d'une unité à l'autre pour distraire les personnes
âgées, réconforter les malades de l'Unité des soins palliatifs
ou même encourager les cardiaques à persévérer dans leur
lutte contre la maladie: «Ne perdez pas espoir. Soyez
courageux...», leur disait-il. Ces trois années d'attente ont
permis à Bernard de devenir un expert dans l'art d'écouter
les malades et de leur parler. Après la greffe, il se sentit
physiquement un nouvel homme, capable d'avoir des

activités normales et de reprendre goût à la vie. Le retour à la maison et à la vie familiale nécessita néanmoins une longue période de réadaptation.

À ma demande, son cardiologue, le docteur Martin Morrissette, a fait le point sur son état de santé actuel: «Après avoir adopté la discipline de vie d'un transplanté, M. Beaudoin a dû faire face à plusieurs effets secondaires de la cyclosporine, notamment une infection rénale et une hypertension artérielle. Actuellement, il souffre d'une insuffisance rénale qui a nécessité son hospitalisation récente...»

Bernard est au courant de cette évolution. Cela ne l'empêche pas de se tenir toujours occupé et disponible pour servir: «Avant d'entrer à l'hôpital, j'ai donné une conférence au Club Lions et une autre aux Chevaliers de Colomb pour sensibiliser les gens à l'importance du don d'organes. Je suis allé ensuite au chevet d'une malade désemparée pour l'encourager à accepter la greffe d'un nouveau cœur. C'est en s'oubliant pour les autres que nous oublions notre mal...», conclut-il.

Un autre exemple saisissant est celui de Réjean. Âgé de 42 ans, il est marié, père de deux enfants, travaille comme directeur de banque et a subi une double greffe, rein et pancréas, en 1987. Il souffrait, depuis l'âge de 15 ans, d'un diabète juvénile qui nécessitait quotidiennement plusieurs injections sous-cutanées d'insuline. Il y procédait après avoir déterminé au préalable son taux de glycémie en se piquant plusieurs fois au bout du doigt. Quelques années plus tard, il développa une hypertension artérielle secondaire à son diabète et, subséquemment, une insuffisance rénale qui l'obligea à subir trois fois par semaine une dialyse à domicile.

C'est dans ces termes que Réjean me raconta sa grande aventure: «Ce ne fut pas une vie facile. J'étais constamment fatigué, anémique et j'avais de la difficulté à suivre une discipline rigoureuse pour contrôler mon diabète. Mes yeux furent attaqués par la rétinopathie. J'ai perdu la vue à l'œil droit et c'est de justesse, grâce aux multiples traitements au laser, que les ophtalmologistes ont pu sauver mon œil gauche. Face à mes multiples problèmes médicaux, j'acceptais la recommandation de mon endocrinologue de subir une double transplantation. Après une attente d'un an, l'hôpital m'appela pour m'annoncer qu'il y avait un donneur compatible. C'est le docteur Corman qui effectua la double transplantation. Ce fut merveilleux, car subitement je n'avais plus besoin de toutes mes injections quotidiennes. Je les ai comptées et j'en recevais environ 4000 annuellement.

«Pour moi, c'est définitivement une vie nouvelle avec une qualité de vie supérieure. Je réalise que je dois être discipliné et que des problèmes médicaux peuvent surgir. J'ai eu par exemple une gangrène au pied droit et j'ai été sauvé de l'amputation grâce à la compétence et au dévouement obstiné de mon dermatologue, le docteur Jacqueline Tousignant. Je dois dire que, tout au long, mon épouse a été extraordinaire et m'a encouragé à persévérer. Il faut vouloir guérir et j'ai été aidé dans ce sens par les habitants de ma municipalité qui ont ardemment prié pour ma guérison.»

Ces deux exemples illustrent bien comment la greffe d'organes est devenue une thérapeutique de pointe, capable de sauver des vies. Mais face à un budget hospitalier limité et à une pénurie chronique d'organes à transplanter, le défi reste constant. Faudra-t-il aussi que nous soyons éclaboussés par des scandales comme ceux qui ont été dénoncés en France et ailleurs[1]? Selon le docteur Corman, président de

---

1. Jauvert, V. «Les scandales des greffes». *Le Nouvel Observateur*, 11 juin 1992, p. 4-8.

Québec-Transplant, notre système est bien encadré et protégé contre les problèmes éthiques et moraux. Par ailleurs, il est essentiel d'augmenter le nombre de donneurs en obtenant la collaboration des centres hospitaliers actifs dans la formation de comités chargés d'identifier les donneurs et de transférer les dons d'organes. Ce don gratuit n'est-il pas le plus bel acte de vie que nous puissions offrir à ceux qui en ont besoin?

13 décembre 1992

Voir avec notre cœur

AU COURS DES DEUX DERNIÈRES ANNÉES, LA RECHERCHE MÉDI-
CALE A ÉTÉ FOUETTÉE PAR LE DRAME INFLIGÉ AUX JEUNES
HÉMOPHILES ET À LEURS FAMILLES.

Ces jeunes qui ont besoin de transfusions de concentrés plasmatiques du facteur VIII pour ne pas saigner étaient parfois, sans s'en douter, simultanément infectés par du sang contaminé par le virus du sida. La diffusion des résultats de la recherche sur la transmission et la prévention du sida s'est effectué trop lentement et parfois même avec un certain laxisme évident, comme cela s'est passé en France[1].

Âgé de 30 ans, Bruno Dostie me dit qu'au Canada les hémophiles n'ont été mis au courant du risque de contamination qu'au début de l'année 1986. J'ai connu Bruno il y a 20 ans, quand il venait à l'urgence de l'hôpital de Montréal pour enfants avec un genou douloureux et enflé par une hémorragie interne, une hémorthrose, à la suite d'une partie de hockey avec les enfants du quartier. Je le gardais alors au repos à l'hôpital pour quelques jours et j'arrêtais le saignement en lui transfusant du «cryoprécipité», un concentré plasmatique de facteur VIII. Nous avions beau faire à Bruno toutes les recommandations nécessaires pour qu'il s'évite des chutes ou des coups, il était hospitalisé de nouveau quelques semaines plus tard à cause du même

---

1. Badou, G. «Sang: le procès de la honte». *L'Express,* 10 juillet 1992.

problème médical. Jeune et insouciant, il aimait trop le sport pour s'en priver. C'était aussi le cas de son frère aîné Luc et d'une vingtaine de jeunes hémophiles que nous suivions régulièrement. Ce n'est qu'avec les années et les hospitalisations que Bruno apprit à se protéger et à prévenir les hémorragies. Une fois cette lutte maîtrisée, il ne s'attendait pas alors à vivre le cauchemar des complications. Ce fut, dans un premier temps, les hépatites et leur morbidité. «Et maintenant», me dit Bruno que je revois après 20 ans, nous sommes 250 hémophiles séropositifs et capables de développer le sida.» Il me mentionne le nom de quelques jeunes que je connaissais et qui sont décédés. Animé de courage et de miséricorde, il n'hésite pas à aider jusqu'au dernier souffle ses compagnons hémophiles atteints et anéantis physiquement par le sida, versant ainsi un baume sur leur souffrance interne.

Quelles sont donc les solutions pour aider nos hémophiles séropositifs? Bruno me dit alors ceci: «Aidez-nous à accéder à une vie digne et normale en obtenant notre médication gratuitement. Cela est notre demande primordiale. L'aide financière obtenue du gouvernement fédéral est insuffisante pour payer nos ordonnances d'antibiotiques. La plupart d'entre nous vivons juste au-dessus du seuil de la pauvreté et n'avons pas d'assurances pour payer nos médicaments coûteux. Les pneumonies et les infections à champignons sont devenues notre hantise non pas tellement parce qu'elles rongent notre santé, mais bien plutôt à cause du cortège de mendicité et de pauvreté qui les accompagne. Nous voulons vivre décemment sans être acculés au bien-être social. Ce qui me frustre le plus, c'est l'indifférence du public et l'inertie gouvernementale face à notre drame quotidien.»

Une société, écrivait Alfred Souvy, se juge à la façon dont elle traite ses malades et ses morts. Comment allons-nous traiter et réparer notre erreur vis-à-vis des 250 hémophiles séropositifs? Allons-nous continuer à patiner et à accepter l'impéritie bureaucratique et la dictature financière pendant que des jeunes meurent l'un derrière l'autre dans un état d'abandon total? À l'approche de Noël, j'implore les responsables de ce dossier de mettre de côté les acrobaties budgétaires et d'écouter plutôt le petit prince de Saint-Exupéry nous dire: «On ne voit bien qu'avec le cœur. L'essentiel est invisible pour les yeux.»

Il faut donc passer à l'action et prendre les mesures nécessaires pour que les hémophiles séropositifs et sidéens obtiennent toute leur médication gratuitement.

En ce temps de générosité et d'amour, laissons notre cœur s'attendrir et «apprendre à voir les autres avec les yeux de Dieu[2]».

---

2. Singer, C., *et al. Chemins d'Avent 1992*, Éditions du Signe.

Au-delà de la sécurité du sang

IL Y A DEUX SEMAINES, LE PUBLIC A APPRIS QU'UN PATIENT QUI AVAIT REÇU DES TRANSFUSIONS SANGUINES NÉGATIVES POUR LE VIH, LE VIRUS DU SIDA, LORS D'UNE GREFFE DU FOIE SUBIE EN AOÛT 1991, EST AUJOURD'HUI SÉROPOSITIF. CELA A IMMÉDIATEMENT RELANCÉ LE DÉBAT SUR LA QUALITÉ DU SANG TRANSFUSÉ ET LES RISQUES DE CONTAMINATION.

Après le drame des hémophiles rendus séropositifs par l'injection de concentrés plasmatiques de facteur VIII contaminés, le public s'était quelque peu rassuré en apprenant que le dépistage du VIH se faisait systématiquement sur tous les échantillons de sang depuis la fin de 1985. Par cet incident malheureux, nous nous rendons compte que le test parfait n'existe pas. Celui dont nous nous servons ne décèle en effet les anticorps produits lors d'une infection au virus du sida qu'après une période muette de cinq mois. Avec près de 2150 sidéens, environ 20 000 séropositifs et en moyenne 600 nouveaux cas par année au Québec, nous risquons de voir se reproduire cette possibilité de contracter le VIH par une transfusion, même si ce risque est uniquement de l'ordre de un pour 225 000.

À l'hôpital Notre-Dame, une moyenne de 200 culots globulaires sont administrés hebdomadairement. Depuis le dépistage systématique du VIH par le Centre de transfusion de la Croix-Rouge en novembre 1985, il n'y a pas eu à Notre-Dame de cas rapportés de séroconversion chez les receveurs.

Menton D. est âgée de 34 ans et vient mensuellement depuis novembre 1992 à l'hospitalisation de jour pour recevoir du sang. Elle souffre de la maladie de Hodgkin et subit une forte chimiothérapie qui produit comme effet secondaire une anémie avec fatigue et difficulté d'accomplir ses tâches quotidiennes, d'où la nécessité de recevoir régulièrement des culots globulaires. Lors de sa première transfusion, elle a eu réellement peur d'être infectée au virus du sida. Son médecin et l'infirmière l'ont cependant rassurée quant à la qualité et à la sécurité du sang obtenu par le service transfusionnel de la Croix-Rouge. «Il faut que je reçoive ces culots globulaires, me dit-elle, sinon je suis trop faible et j'ai de la difficulté à fonctionner.»

Menton se considère «chanceuse» d'être atteinte d'une forme de la maladie de Hodgkin guérissable et elle se conditionne dans ce sens. Selon elle, il y a un contrat de confiance qui la lie à son médecin traitant afin qu'il la soigne en utilisant toutes les connaissances scientifiques et médicales modernes.

Un autre cas

Monsieur Lamoureux reçoit lui aussi, quand il en a besoin, des culots globulaires. Âgé de 57 ans, il souffre du cancer du côlon avec des métastases au foie. Il était en Floride l'été dernier quand il a dû recevoir pour la première fois du sang à la suite d'une hémorragie rectale. À ce moment, il ne se souciait pas du sida, car tout ce qu'il désirait, c'était de se sortir de son état de grande faiblesse. Mais maintenant qu'il se porte mieux, il trouve que le risque d'infection au VIH est quand même élevé pour du sang déjà vérifié par les tests disponibles de dépistage. «J'espère que ça ne sera pas mon tour, me dit-il. Je sais qu'il y a un risque, mais ma santé est déjà attaquée et je ne peux accepter de ne pas recevoir les culots globulaires qui m'aident à me sentir fort et à recevoir mes traitements... »

Selon le docteur Yves Lapointe, directeur de la banque de sang de l'hôpital Notre-Dame, outre le système de dépistage du sida, un questionnaire est présentement remis à tous les donneurs pour éliminer ceux qui ont des comportements à risque. Autrement dit, les donneurs doivent s'astreindre à une vie privée irréprochable.

Une seule solution

Il n'existe réellement qu'une seule solution de rechange aux transfusions standard, me dit le docteur Lapointe : la transfusion autologue. Dans ce cas, le sang prélevé par la Croix-Rouge est entreposé au nom du donneur jusqu'à ce qu'il en ait besoin. Quoique cette solution soit envisageable dans des conditions spéciales telles qu'une chirurgie sélective, elle n'est quand même pas réaliste dans les cas d'urgence où l'on peut se trouver à cent lieues de la ville où notre sang est entreposé ! Quant au sang artificiel, il est inefficace et il n'est pas pour demain malgré que les chercheurs en rêvent depuis une cinquantaine d'années. Ce qu'il faut donc, c'est utiliser les transfusions sanguines avec circonspection et après s'être assuré que les avantages dépassent les inconvénients.

En guise de conclusion, le docteur Lapointe me dit qu'il ne faut pas oublier que les transfusions homologues ont sauvé des milliers de vie et qu'elles continueront à être une thérapie de soutien essentielle.

Dans cette polémique, je ne peux m'empêcher de penser à l'éminent épidémiologiste, le docteur Jonathan Mann, surnommé «monsieur Sida». Il veut créer une «coalition» et un réseau international pour faire passer ce message: «Le sida n'est pas seulement un virus, c'est un phénomène social.» C'est donc sur le terrain de la société qu'on pourra le vaincre. Il prédit que la pandémie du sida ne pourra être tenue en échec que si on lutte contre l'exclusion, la marginalisation et la coercition. Bref, en se battant pour les droits de l'être humain[1].

---

1. Coignard, S. «La croisade de monsieur Sida». *Le Point,* 30 janvier 1993, p. 48.

À la reconquête de l'univers sonore

PRÈS D'UN DEMI-MILLION DE PERSONNES AU QUÉBEC SOUF-FRENT D'UNE SURDITÉ PARTIELLE OU TOTALE. CE NOMBRE RISQUE D'AUGMENTER EN RAISON D'UNE AMPLIFICATION GÉNÉ-RALISÉE DES BRUITS AMBIANTS ET DE L'UTILISATION DES BALADEURS (WALKMAN) PAR DES MILLIERS DE JEUNES.

La déficience auditive peut être congénitale ou acquise. Les sourds de naissance préfèrent utiliser le langage fascinant des mains et voient peu d'intérêt à s'intégrer au monde sonore qu'ils n'ont jamais connu.

Par contre, les personnes devenues sourdes et les malentendants, qui sont beaucoup plus nombreux que les sourds de naissance, sont psychologiquement ébranlés de se voir relégués à vivre dans un monde assourdi. Subitement, ils ont de la difficulté à dialoguer avec leurs proches ou leurs collègues et l'accès à certains loisirs, tels le théâtre, le cinéma et la télévision, devient de plus en plus problématique. Ils essaient donc de s'accrocher au monde des entendants pour ne pas sombrer dans la solitude.

Selon Jean-Jacques Dufour, oto-rhino-laryngologiste, les déficits auditifs sont reliés soit à des troubles de conduction qui peuvent être traités médicalement ou chirurgicalement, soit à des troubles neurosensoriels, associés à l'oreille interne et au nerf auditif. Habituellement, ces dernières pathologies ne peuvent être traitées médicalement ou chirurgicalement. C'est à ce moment qu'intervient l'audiologiste, qui s'occupe de réadaptation auprès du malentendant.

Deux orthophonistes-audiologistes, Doris Lafond et Martine Brazeau, attachées au Centre de l'ouïe et de la parole de l'hôpital Notre-Dame, expliquent qu'il existe actuellement une variété de programmes de réadaptation auditive qui permettent à l'adulte atteint d'une déficience auditive acquise, de maintenir le lien merveilleux avec le monde de la musique, des voix, des rires, du gazouillement des oiseaux et du bruissement de la forêt.

Après avoir établi le degré et le type de déficience, l'audiologiste détermine s'il y a lieu d'avoir recours à un appareil auditif ou à des systèmes spéciaux d'amplification. Le but du programme élaboré par l'audiologiste est d'améliorer au maximum la communication de la personne devenue sourde et de faciliter la détection de messages sonores dans son environnement.

L'entraînement à la lecture labiale et à la discrimination de la parole reste le moyen privilégié pour faciliter la communication avec l'entourage. C'est une façon de comprendre le message parlé en observant le mouvement des lèvres et l'expression faciale et corporelle de la personne qui parle. Selon Martine Brazeau, les difficultés psychosociales des malentendants doivent aussi être prises en considération. Il faut les encourager à participer à des activités intéressantes au sein de groupes de soutien, dit-elle.

Pour mieux comprendre les difficultés des malentendants, j'ai aussi rencontré Yolande. Âgée de 68 ans, elle travaillait comme gestionnaire dans le secteur public. Il y a dix ans, elle remarqua qu'elle entendait mal du côté de l'oreille droite. À cela se sont graduellement ajoutés des acouphènes. «J'entends le grondement continuel d'un moteur d'avion dans mes oreilles, explique-t-elle. Je ne peux plus goûter le silence que j'aimais beaucoup ; il n'y a plus que la lecture qui me fasse oublier ces bruits. » À l'époque, elle a consulté un spécialiste qui lui confirma qu'elle était devenue sourde et tenta d'améliorer son ouïe par une intervention chirurgicale. Cela malheureusement ne l'aida pas, et sa surdité continua à progresser.

Après une période dépressive, elle décida «de cesser de s'apitoyer sur son sort». C'est alors qu'elle rencontra Martine Brazeau qui l'aida d'une façon «humaine et amicale». Après l'avoir conseillée sur l'appareil auditif à utiliser, elle lui fit suivre un cours de lecture labiale et lui ouvrit les portes d'associations lui permettant des rencontres avec des gens ayant le même handicap.

Tout à coup, Yolande a redécouvert la joie de vivre. «C'est souvent la honte qui nous rend plus sourds et nous empêche de faire les démarches nécessaires pour remédier à notre déficience auditive», dit-elle. Elle a repris goût à écouter la musique et assiste souvent à des concerts symphoniques en utilisant un système d'écouteurs infrarouges. Elle s'assure toutefois au préalable que les piles sont bien chargées.

Yolande regrette cependant que la famille ne fasse pas toujours l'effort nécessaire pour comprendre les devenus sourds. «Il faut apprendre aux gens que la communication, ça se passe des deux côtés», dit-elle. Aujourd'hui, Yolande va là où on la demande pour porter l'espoir et défendre les devenus sourds. Sa seule crainte est qu'un jour sa surdité soit totale.

Dans une telle éventualité, le docteur Dufour explique qu'une nouvelle approche technologique par implant cochléaire pourrait venir remplacer l'appareil auditif qui perd son utilité chez les personnes présentant une surdité profonde bilatérale. Lors de cette intervention, l'oto-rhino-laryngologiste remplace les cellules de la cochlée par des mini-électrodes qui transforment grâce à un micropro-cesseur les sons en signaux électriques captés par le cerveau. N'est-ce pas merveilleux que cette haute techno-logie puisse rétablir le contact avec l'univers sonore !

---

1. Le sondage « Jeunes » SCP - *La Croix* – *L'Événement,* 12 juin 1993.

L'arbre, Dieu et la vie

C'EST À TRAVERS UNE RECHERCHE PERSÉVÉRANTE ET RATION-
NELLE DE DÉCOUVERTES FAITES PAR HASARD QUE LA PLUPART
DES MÉDICAMENTS ANTICANCÉREUX ONT ÉTÉ DÉVELOPPÉS.

La «sérendipité» est le mot utilisé dans la langue de
Shakespeare pour exprimer de telles découvertes. Louis
Pasteur décrivait ce phénomène en ces termes : «Dans les
champs de l'observation, le hasard ne favorise que les
esprits bien préparés.» Selon le docteur Michel Chrétien, la
«sérendipité» est le terme le plus approprié pour décrire
l'effet du hasard, le rôle des connaissances et l'importance
de l'observation dans de nombreuses démarches scientifiques et la pratique de la médecine [1].

Le meilleur exemple de cette longue et pénible marche de
la recherche scientifique est celui de l'Institut national du
cancer des États-Unis (NCI). Il amorça en 1958 un programme de recherche dans lequel environ 35 000 espèces
végétales ont été passées au «peigne fin», afin de découvrir
des médicaments anticancéreux. Ainsi, entre autres, on a
constaté que des substances naturelles contenues dans
l'écorce de l'if du Pacifique, conifère qui pousse sur la côte
ouest de l'Amérique du Nord, ont des caractéristiques anti-
cancéreuses. Quoiqu'elle eût été formellement identifiée en
1971, la molécule du Taxol produite à partir de l'écorce de
ces arbres géants ne provoqua l'intérêt scientifique qu'en

---

1. Chrétien, M. «Le hasard et la sérendipité». Allocution lors de la remise
de doctorats *honoris causa* par l'Université R. Descartes de Paris, le
3 décembre 1992.

1979 quand le docteur Susan Horwitz de New York mit en évidence son mécanisme d'action unique; le Taxol empêche la division des cellules tumorales en agissant sur l'assemblage des microtubules.

C'est alors que le NCI déclencha en 1983 une série d'études précliniques suivies d'essais cliniques pour déterminer l'utilisation possible du Taxol contre divers types de cancer. Ce n'est toutefois qu'en 1989 qu'on commença à récolter le fruit de cette recherche minutieuse. En effet, le Taxol produit des rémissions allant jusqu'à 30 % chez des patientes atteintes d'un cancer ovarien avancé et réfractaire à toute autre forme de thérapie. En mai 1993, lors du congrès de la Société américaine d'oncologie clinique, c'est une floraison de résultats présentés par différents centres anticancéreux qui démontrent le potentiel thérapeutique du Taxol pour différents cancers réfractaires, notamment le cancer de l'ovaire ou du sein. Il est présentement annoncé par le NCI comme le médicament anticancéreux le plus important de la décennie 1990.

Une ombre existe cependant au tableau, car le développement du Taxol se heurte continuellement à des problèmes d'approvisionnement. De la récolte manuelle de l'écorce en forêt jusqu'au remplissage des fioles, il faut compter environ 40 semaines. De plus, parce que la concentration du Taxol est très faible, 7000 kg d'écorce doivent être utilisés pour extraire un kilo du médicament. Cela se traduit nécessairement par un prix de vente exorbitant atteignant 1500 $ pour chaque cycle de traitement. Mais la saga du Taxol n'a pas fini de nous émerveiller.

Récemment, un agronome et une chimiste, G. Strobel et A. Stierle, ont fait une «découverte sérendipiteuse»[2] : un

---

2. Stone, R. «Surprise! A fungus factory for Taxol». *Science,* 1993, 260: 154-155.

champignon blotti dans les plis de l'écorce de l'if produit le Taxol même s'il est transposé en culture. Du coup, nous pouvons prévoir que la production sera facilitée et que le prix de la fiole du médicament chutera à des prix abordables, facilitant son accessibilité à des milliers de patients atteints d'un cancer avancé.

Maryse est une des patientes qui a bénéficié de la découverte du Taxol. Âgée de 35 ans, c'est une femme de carrière qui «a toujours eu pleine maîtrise de sa vie»... jusqu'en 1990 où elle a failli perdre l'œil droit à cause d'un décollement de la rétine. En mars 1991, une autre épreuve l'attend : elle est atteinte d'un cancer des ovaires assez avancé. Malgré l'intervention chirurgicale, suivie d'une chimiothérapie à base de Platinol, la tumeur continue à progresser, et elle doit subir une deuxième opération. C'est à ce moment qu'elle rencontre «par hasard» un saint prêtre qui l'aide à effectuer un long cheminement avec le Christ. Elle reprend alors la chimiothérapie, mais sans trop de réponse. Ses cheveux tombent et son moral est bas, à un point tel que ses médecins lui suggèrent de laisser tomber la chimio, de profiter de ce qui lui reste à vivre et de ne retourner les voir que quand son état s'aggraverait. «Cela m'a profondément attristée, me dit Maryse, et je me suis sentie un numéro de plus dans un hôpital de glace... On ne claque pas sur la tête des gens quand ils sont déjà sur une pente descendante.» Elle réalise alors qu'elle perd la maîtrise complète de sa vie. À ce moment, elle comprend l'appel du Seigneur et décide de lui faire confiance et de continuer à lutter : «Ma vie ne m'appartient pas, il me l'a prêtée et je travaillerai pour sa gloire jusqu'à ce qu'il me la redemande[3].»

---

3. Morin, M. «Du contrôle au dépouillement». *Je crois,* mai 1993, n° 34, p. 24-28.

En mai 1992, Maryse prend l'initiative de venir à Montréal pour consulter d'autres spécialistes. Elle apprend «par hasard» qu'il y a un nouveau médicament, le Taxol, qu'elle décide de recevoir initialement au Vermont et ensuite à l'hôpital Notre-Dame. Grâce au Taxol, Maryse obtient une rémission partielle de la tumeur, qui est consolidée par une radiothérapie locale qu'elle vient de terminer à l'Hôtel-Dieu de Québec, sous les bons soins du docteur Paul-E. Raymond.

Maintenant, elle vit pleinement son aujourd'hui et veut laisser transparaître l'amour du Christ dans sa vie. Elle a toujours voulu connaître Dieu, «mais avec ma tête dure, me dit Maryse, il a fallu qu'il mette le paquet pour me convaincre de sa présence et de son désir fou de voir les humains s'aimer et s'entraider». Selon elle, le hasard est un déguisement que Dieu se donne pour passer incognito.

Le bonheur
et le paradoxe de la santé

MALGRÉ LES PROBLÈMES QUI NOUS AFFLIGENT EN CETTE FIN DE
SIÈCLE, LES QUÉBÉCOIS EN ONT ASSEZ DE LA DÉPRIME ET ENVI-
SAGENT L'AVENIR AVEC OPTIMISME[1].

Il en est de même en France où, selon une enquête récente,
88 % des Français se déclarent «heureux». Ce sondage
avait déjà été effectué en 1973 et en 1983, et les résultats
avaient été similaires: la joie de vivre l'emporte sur les
nuages gris qui voilent la lumière de l'espoir. Dans
plusieurs de ces enquêtes, le bonheur est lié avant tout à la
santé. Or, cette «valeur» est en perte de vitesse: en 1973,
70 % des personnes interrogées mettaient la santé en tête
des éléments du bonheur. Elles ne sont plus que 49 % à lui
accorder la priorité en 1993[2].

Et pourtant, le dernier demi-siècle a apporté des changements majeurs de l'activité scientifique en médecine.
Comme jamais auparavant, notre société jouit des progrès
de la science et de la haute technologie avec une médecine
beaucoup plus efficace qui a comme résultats tangibles.
une longévité accrue et une accessibilité aussi facile que
rapide à des soins de qualité toujours croissante. Alors,
comment expliquer le paradoxe de la santé que nous

---

1. Lisée, J.-F. «L'avenir et nous 2000». *L'Actualité,* janvier 1993.
2. Alia, J. «Pourquoi 88 % des Français se déclarent heureux». *Le Nouvel
Observateur,* 8-14 juillet 1993.

vivons, à savoir une diminution constante du bien-être personnel. Cela est illustré par une augmentation des épisodes de maladies aiguës associées à une recrudescence des symptômes somatiques tels que les palpitations, la difficulté de respirer, la douleur et la lassitude. De plus, on note dans notre société un allongement des périodes d'incapacité lors d'une maladie aiguë. Selon une analyse américaine, quatre facteurs sont responsables d'une telle divergence entre notre état de santé objectif et notre perception subjective du bien-être[3].

Tout d'abord, la diminution de l'incidence des maladies infectieuses s'est accompagnée d'une augmentation proportionnelle des maladies chroniques qui représentent «l'échec de notre succès médical». De plus, puisque notre société est plus sensibilisée aux problèmes de santé, nous sommes portés à analyser minutieusement le moindre de nos symptômes. En outre, l'attention portée aux enjeux qui se posent à notre société en matière de santé a créé un climat d'insécurité et d'appréhension pour tout ce qui touche la maladie. Finalement, la «médicalisation» de notre quotidien et le fait de croire qu'il est possible avec notre haute technologie de guérir toutes les maladies augmentent notre frustration et notre intolérance face à une maladie incurable.

Si le bonheur ne réside pas nécessairement dans la santé, où est-il donc? Dans le sondage mentionné ci-haut, les Français ont opté pour le profil bas : accumuler beaucoup de petits bonheurs portatifs, légers et accessibles. Ils rêvent tous cependant d'un «ailleurs mythique». Leur plus grand souhait est d'échapper à la grisaille ambiante. Lorsqu'on les interroge sur les valeurs liées au bonheur, ils souhaitent avant tout la disparition des inégalités sociales.

---

3. Barsky, A. J. «The paradox of health». *New England J. of Medicine,* 318: 414, 1988.

Selon le président du sénat français, René Maunoury, «le bonheur ne sera possible que si on invente d'autres priorités que matérielles, d'autres comportements, une autre organisation de la société».

Voulez-vous vous dépouiller des petits bonheurs pour avoir accès au grand, au vrai bonheur? Lisez *Dieu et les hommes*[4]. Vous verrez à travers le dialogue de «deux complices en générosité», l'abbé Pierre et Bernard Kouchner, le saint Vincent des temps modernes qui partagea la misère des sans-abri de Paris et le médecin incroyant qui a imaginé l'action humanitaire moderne en vivant le malheur des autres, que le seul moyen de ne pas se tromper pour être heureux, «c'est de mettre nos joies ensemble au service de la joie de tous».

Pour l'abbé Pierre, l'homme n'est pas mauvais, mais capable du meilleur ou du pire, libre. Il ne peut y avoir de sens dans le cosmos que s'il y a de l'être libre, qui est capable d'aimer. Alors, nous pourrons chanter avec Jacques Brel:

> *Quand on n'a que l'amour,*
> *Pour tracer un chemin,*
> *Et forcer le destin,*
> *À chaque carrefour,*
> *Alors sans avoir rien,*
> *Que la force d'aimer,*
> *Nous aurons dans nos mains,*
> *Amis le monde entier.*

---

4. Abbé Pierre, Kouchner, B. *Dieu et les hommes*. Robert Laffont, Paris, 1993.

Météo aujourd'hui :
nuages et éclaircies

Mets-moi
Dans un tunnel noir
Fais-moi croire
Qu'il est sans fin
Je veux voir
Imaginer sa lumière

Laisse-moi seule
Un hiver sans ami
Sans coups de fil
Ni fax ni papier à lettres
Je pourrais être
Présence pour l'autre sans nom
Qui ne m'avait rien demandé

Tu aimes répéter
À la télé, les nouvelles
Rien n'est plus nouveau
Tout est si pareil :
Injustice, criminalité
Délinquance et inégalité
Je verrai obstinément
La solidarité

Les gens heureux
J'aime bien dire
Leur histoire
Je la crierai et je rêverai
Demain des applaudissements
Et des poignées de mains
Tu m'asperges du sang
De toutes ces guerres
Et pendant que tu discutes
De l'absurdité de la vie

Je vois apparaître
Un seul mot viable
Tatouage indélébile
Imprégné jusqu'au creux
De mes veines : « espérance »

Patricia Ayoub
Juillet 2000

Les techniques de reproduction

L'ENQUÊTE MENÉE PAR L'ACTUALITÉ MÉDICALE SUR LES PRO-
BLÈMES ÉTHIQUES MAJEURS DE L'AN 2000 A DÉMONTRÉ L'IN-
TÉRÊT GRANDISSANT QUE PORTENT LES MÉDECINS AU DÉBAT DE
SOCIÉTÉ SOULEVÉ PAR LES PROGRÈS DES NOUVELLES TECH-
NIQUES DE REPRODUCTION (NTR)[1].

C'est dans ce sens que fut créée en 1989 la Commission
royale sur les NTR, dans le but d'en examiner l'évolution
médicale et scientifique, notamment sous ses aspects psy-
chosociaux, éthiques, juridiques et économiques. La présidente de cette commission, le docteur Patricia Baird,
généticienne, vient de déposer officiellement son rapport,
qui contient environ 1400 pages et 300 recommandations,
le tout ayant coûté 28 millions de dollars aux contribuables.

Le contenu du document ne sera cependant rendu public
que le 30 novembre et suscitera sans doute de passion-
nantes discussions qui aboutiront éventuellement à des
choix et à une éthique adaptés à notre société.

D'après madame Louise Vandelac, professeure de sociologie
à l'UQAM, spécialiste des questions reliées à la santé des
femmes et ex-commissaire, il faudra qu'on parle, au cours
de ce débat, de la pertinence de ces techniques, de leurs

---

1. «Enquête sur le problème éthique de l'an 2000». *L'Actualité médicale*,
   25 août 1993.

conséquences sociales, des questions éthiques profondes que soulève cette «mutation» de la médecine et de la conception. Il faudra aussi rappeler à quel point plusieurs de ces techniques sont uniquement expérimentales.

Au Québec, nous sommes de plus en plus confrontés à la détresse et à la frustration des couples face à la stérilité et au désir naturel d'avoir un enfant. Dans un document produit par le Conseil du statut de la femme, en 1987, et intitulé *Quand la technologie transforme la maternité,* on établissait à 5 % le nombre de couples stériles, mais l'on constatait paradoxalement que 20 % des couples consultaient des spécialistes de la stérilité[2]. Ces couples dans leur désarroi ont à faire face à trois options: l'adoption, le recours au traitement de l'infertilité ou le renoncement à avoir des enfants.

Selon le docteur Pierre Miron, directeur de l'Institut de médecine de la reproduction de Montréal (IMRM), la technique la plus pratiquée, à l'heure actuelle, est la fécondation *in vitro* (FIV) et le transfert d'embryon, c'est-à-dire le prélèvement en clinique d'un ovule chez une patiente après stimulation ovarienne effectuée à l'aide de médicaments, puis la fécondation par un sperme en éprouvette, suivie du transfert de l'embryon dans l'utérus de la mère, 48 heures plus tard[3]. Plus de 40 000 bébés seraient nés grâce à la fécondation *in vitro* à travers le monde, dont 130 à l'IMRM.

J'ai rencontré récemment Paul et Jacqueline, qui ont trois enfants, dont deux «bébés-FIV». Mariés depuis une quinzaine d'années, ils n'avaient eu qu'un garçon. Malgré leur désir d'avoir d'autres enfants, la chose s'avérait impossible en raison d'une endométriose dont souffrait Jacqueline: durant huit ans, ils sont passés par de multiples tests et

---

2. Dupont, C. «Le désir d'enfant». *La Presse,* 14 novembre 1993.

3. Dupont, C. «Le désir d'enfant». *La Presse,* 13 novembre 1993.

ont essayé des traitements stimulatoires, mais sans succès... C'est alors que d'un commun accord ils ont opté pour la fécondation *in vitro*. Paul dira : « Cela a été miraculeux et extraordinaire. Les deux grossesses ont été normales et nous avons deux autres enfants. »

Une autre mère par contre me dit qu'elle préfère attendre. Elle a déjà un enfant et, après un long dialogue avec son époux, ils ont décidé de surseoir à leur désir d'avoir un deuxième enfant. J'ai alors réalisé l'importance de ne pas médicaliser la conception humaine, même et surtout en présence d'infertilité. Il y a là en cause deux êtres qui s'aiment intensément et qui désirent ensemble, à leur rythme, immortaliser leur amour par la naissance d'un enfant.

Quant aux enjeux bioéthiques de la FIV, ils sont fort complexes et ont été discutés lors du 34ᵉ Congrès de la Fédération des gynécologues et obstétriciens de langue française, tenu à Québec l'an passé. Notons entre autres l'élargissement des indications de la FIV, le dérapage dans la technique et qui consiste particulièrement à transférer plusieurs embryons responsables d'un nombre accru de grossesses multiples.

Mais la réalité qui nous fait le plus frémir, c'est le diagnostic préimplantatoire. C'est le célèbre biologiste, Jacques Testart, « père » du premier bébé-éprouvette français, qui sonne l'alarme contre les dangers de l'eugénisme : « Pour ma part, je crains que la mise hors du corps de l'œuf humain, en le rendant accessible à l'analyse, n'ouvre un nouveau chapitre de l'histoire humaine où le vieux fantasme eugénique accéderait à la réalité. Il s'agirait non pas de modifier l'identité génétique de l'œuf, mais de trier, parmi les œufs produits en nombre par chaque couple admis en FIV, ceux qui mériteraient d'être transformés en enfant[4]... »

D'autres abus scientifiques ne se sont pas fait attendre : une équipe de chercheurs américains vient de révéler qu'elle avait réussi la production de clones à partir d'un embryon humain, c'est-à-dire des copies à l'identique d'un embryon original issu de cellules isolées.

Le rapport Baird arrivera-t-il à nous dire au nom de quoi respecter, inconditionnellement, l'enfant-né ? Ou ne faudrait-il pas plutôt « réactiver notre inspiration aux sources de la métaphysique et de nos convictions religieuses[5] » ?

---

4. « 34ᵉ Congrès de la Fédération des gynécologues et obstétriciens de langue française ». *Bulletin de la Corporation professionnelle des médecins du Québec,* vol. 32, décembre 1992.

5. Julien, J. *Des motifs d'espérer ? La procréation artificielle.* Cerf, Paris, 1986, p. 120.

19 décembre 1993

La légende
des thérapies alternatives

L'OUVERTURE DE LA COMMISSION PARLEMENTAIRE SUR LES THÉRAPIES ALTERNATIVES AU DÉBUT DE CETTE ANNÉE A OCCASIONNÉ UNE SÉRIE DE DISCOURS ENFLAMMÉS OÙ PARFOIS LES ÉMOTIONS INDIVIDUELLES ONT PRIS LE DESSUS SUR L'OBJECTIVITÉ PROFESSIONNELLE.

Récemment cependant, j'ai eu de la difficulté à contenir mon émotion quand j'ai appris qu'on avait extorqué quelques milliers de dollars à l'un de mes patients atteint d'un cancer pulmonaire en phase avancée et terminale, en prétendant le guérir avec un concentré de cartilages de requin et de tissus embryonnaires d'origine bovine. Les prétentions de guérison du cancer par de telles thérapies alternatives sont des plus présomptueuses, et si les guérisons existent, elles sont principalement basées sur des rémissions spontanées ou la continuation simultanée de traitements médicaux.

Plusieurs formes de thérapies alternatives sont publicisées pour traiter le cancer. Une concoction d'herbes médicinales a été longtemps utilisée populairement. Le Laetrile, un extrait de noyaux d'abricot, a été couramment utilisé au cours des années 1970. Actuellement, c'est la biodiététhérapie qui est en vogue. Elle consiste dans la consommation d'aliments dits «régénérateurs», tels que le charbon végétal activé et l'algue bleue, et qui prétendument «rééquilibrent» l'ensemble des organes du corps. Cela est associé à l'administration de «gemmo-nutriments» qui sont des bourgeons végétaux stabilisés et dilués. Le tout est complété par l'addition d'extraits de tissus embryonnaires d'origine bovine connus sous le nom de «Bio et Microcepteurs». Ces éléments agiraient d'une façon énergétique «sur les champs de force électromagnétique qui forment l'environnement cellulaire». Cette théorie brillante de la biodiétothérapie, efficace dans l'imaginaire, n'a jamais été évaluée pour le traitement du cancer selon les critères de rigueur scientifique et les lignes directrices concernant la recherche sur des êtres humains [1].

En effet, il ne suffit pas de brandir des dossiers de malades, accompagnés de photographies et de radiographies. Il faut avoir la responsabilité, la persévérance et l'honnêteté d'assumer le fardeau inaltérable de la preuve scientifique. Cela implique une méthodologie et une procédure longue et rigoureuse, mais qui est humainement possible grâce au soutien financier d'organismes nationaux et gouvernementaux tels que le Fonds de la recherche en santé du Québec ou l'Institut national du cancer du Canada. Rien de moins que ces critères bien établis et reconnus n'est acceptable quand il s'agit du respect de la vie humaine et de la confiance que nous donnent des malades vulnérables qui nous confient leur existence et sont prêts à tout pour sauver leur vie.

Dans ce contexte, une étude récente effectuée au Centre d'oncologie de l'Université de Pennsylvanie a comparé 78 patients atteints d'un cancer avancé traités par une thérapie de soutien médical avec 78 autres atteints d'un même cancer et traités à la Clinique Livingston-Wheeler

---

1. Conseil de recherches médicales du Canada. *Lignes directrices concernant la recherche sur des sujets humains.* Ministère des Approvisionnements et Services Canada, 1987.

par une diète végétarienne, un vaccin prétendument efficace et un lavement purgatif. L'étude n'a démontré aucune différence dans l'espérance de vie parmi les deux groupes de patients. Par contre, la qualité de vie (telle que l'appétit et le contrôle de la douleur) des malades recevant la thérapie de soutien médical était nettement supérieure[2].

Quant à la fumisterie du traitement du cancer par le cartilage de requin, elle a été suscitée par un livre récemment publié par un docteur en agronomie et nutrition, intitulé *Sharks Don't Get Cancer* (les requins n'ont pas le cancer)[3]. Apparemment, le cartilage contiendrait une protéine qui inhiberait la prolifération des vaisseaux sanguins (ou angiogenèse) nécessaire pour permettre la croissance tumorale et la dissémination du cancer. Une étude cubaine a révélé 3 réponses chez 29 patients qui ont reçu ce traitement. Une analyse de ces dossiers et d'autres par des experts de l'Institut national du cancer américain a cependant démontré qu'il n'y avait pas de données suffisantes pour démarrer une étude scientifique appropriée sur le cartilage de requin[4].

Pourquoi donc les patients se tournent-ils vers ces thérapies alternatives? Parce que, d'une part, ils sont angoissés, désespérés et craignent la souffrance reliée à un cancer incurable et, d'autre part, ils se sentent parfois déshumanisés face à la médecine moderne *high-tech*. Ce que les malades nous demandent, c'est d'être à leur écoute, de leur offrir certes notre compétence médicale mais aussi

---

2. Cassileth, B.R., Lusk, E.J., Dupont, G., *et al.* «Survival and quality of life among patients receiving unproven as compared with conventional cancer therapy». *N. Engl. J. Medecine* 324 : 1180-1185, 1991.

3. Lane, W. et Comac, L. *Sharks Don't Get Cancer.* Avery Publ. Group Inc., New York, 1992.

4. Mathews, J. «Media feeds frenzy over shark cartilage as cancer treatment». *J. Nat. Ca. Inst.*, 85 : 1190, 4 August 1993.

notre approche humaine vis-à-vis de leur souffrance. Nous nous devons de leur donner toute l'empathie et la compassion dont ils ont tant besoin. C'est uniquement au prix d'un tel dialogue que le lien médecin-malade se resserrera et prendra le dessus sur la légende des thérapies alternatives dans le traitement du cancer.

Le défi de la mi-carrière

DANS LA FOULÉE DES COMPRESSIONS BUDGÉTAIRES ET DES RÉORGANISATIONS EN MILIEU DE TRAVAIL, PLUSIEURS PERSONNES DANS LA QUARANTAINE OU LA CINQUANTAINE SE RETROUVENT SUBITEMENT SANS EMPLOI.

Trop jeunes pour prendre leur retraite, elles aspirent à faire un choix face à leur carrière ou ont le goût de poursuivre une autre carrière. Elles se retrouvent donc à la croisée des chemins de ce qu'on nomme la mi-carrière.

Cela représente une étape importante de la vie parce qu'elle survient à une époque qui coïncide avec de nombreux changements inhérents à l'âge et à l'expérience de travail. Dans un livre clé sur ce sujet, le docteur Yves Lamontagne, président de l'Association des psychiatres du Québec, évalue justement ce qui survient à la mi-carrière aux points de vue physique, psychologique et organisationnel[1].

C'est ainsi qu'en plus de la fatigue qui se fait sentir de plus en plus rapidement avec l'âge, une série de changements physiques peut s'installer nécessitant une attention médicale particulière: élévation du cholestérol, hypertension artérielle, diabète, artériosclérose, arthrite, etc.

Quant aux changements psychologiques, ils varient. Il peut s'agir de troubles personnels siégeant à l'intérieur de nous et correspondant à nos faiblesses, ou encore de problèmes

---

1. Lamontagne, Y. *La mi-carrière. Problèmes et solutions.* Éd. Guy Saint-Jean, Québec, 1995.

psychiatriques, par exemple le syndrome de l'épuisement professionnel connu sous le nom de *burn-out*. Ce terme, très en vogue depuis quelques années, traduit l'idée d'extériorisation excessive: la personne se «brûle» dans le monde. «Son système psychique ne la protège plus des événements qui semblent perturbateurs. Le *burn-out* est comme une expiration excessive. Pour le contrer, la personne doit faire un effort conscient d'inspiration, de retour à soi. Mais si elle prend soin d'éviter tout faux-fuyant, le signal de l'épuisement peut être pour elle l'occasion de rassembler ses forces[2].» C'est donc un moment qu'a l'individu pour réfléchir et réviser ses priorités et valeurs dans une société en mutation. Si, d'autre part, rien n'est fait pour contrer cet épuisement, la personne atteinte peut facilement glisser vers l'alcoolisme, la toxicomanie ou un état de vraie dépression.

Dans son livre, le docteur Lamontagne brosse aussi un tableau de différentes solutions disponibles pour nous permettre d'aller au-delà de l'épreuve de la mi-carrière et retrouver notre sérénité. Pour que ces solutions soient efficaces, il est cependant essentiel de suivre trois principes généraux: développer d'abord une attitude positive, avoir ensuite le sens de l'humour et surtout bien gérer son temps. Sur ce dernier principe, plusieurs études ont démontré qu'on perd, en moyenne, 9 heures de production par semaine, soit plus de 12 semaines par année, et que la différence entre les gens qui réussissent et ceux qui échouent réside dans l'usage qu'ils font de leur temps.

Pour bien gérer son temps, il faut développer quatre habiletés: se concentrer, planifier, déléguer et s'organiser pour gagner du temps et être ainsi plus efficace à son emploi, tout en se gardant du temps pour sa famille et pour des activités personnelles qu'on aurait le goût de développer.

---

2. Dongois, M. «*Burn-out*. Quand on mise tout sur sa profession». *L'Actualité médicale*, 17 (5), 6, 7 février 1996.

Selon le docteur Lamontagne, une vie familiale harmonieuse représente le meilleur atout pour nous protéger contre les hasards de la mi-carrière. Mais comment vivre cela quand les études révèlent que la plainte la plus courante des couples dont les deux conjoints mènent simultanément une carrière est la surcharge de travail et la difficulté d'avoir une vie familiale intense? Le seul moyen d'y arriver est de planifier régulièrement des moyens privilégiés de vie intime avec son conjoint et ses enfants. C'est dans un tel contexte qu'on découvre la joie de vivre et qu'on passe de la morosité à l'espérance.

Un autre moyen extraordinaire en mi-carrière de donner... et recevoir, c'est le bénévolat. La pauvreté croissante des dernières années a favorisé sa recrudescence. C'est que, face aux difficultés de notre monde moderne, «la solidarité qui naît du bénévolat est la seule qui vienne au secours du bien social[3]». Le bénévolat émane donc d'une conscience vive de notre rôle civique, et chaque cause sociale – la lutte contre la pauvreté, la défense des droits des enfants, l'aide aux aînés et malades, etc. – est l'occasion pour les personnes intéressées d'offrir un peu de leur temps. «Parce qu'il est un choix et non une obligation, l'acte bénévole se réfère à des valeurs. Celui qui donne son temps aux autres croit que l'être humain est fait pour le bonheur et qu'aucun n'en est à priori exclu. En allant vers les autres, le bénévole pose un acte de foi en l'humanité et un acte d'espérance en un mode meilleur. »

Et si la mi-carrière était aussi un dépassement de soi et un nouveau style de vie adressés aux femmes et aux hommes d'aujourd'hui ?

---

3. Auschìtzka, A. «Le bénévolat au secours du lien social». *Panorama*, janvier 1996.

Le cerveau :
machine ou mystère ?

AU COURS DES 20 DERNIÈRES ANNÉES, LES AVANCÉES DE LA
NEUROBIOLOGIE ET DE LA GÉNÉTIQUE ONT BOULEVERSÉ NOTRE
COMPRÉHENSION DU « CERVEAU-MYSTÈRE ».

Nous savons aujourd'hui que notre cerveau compte des
milliards de neurones (cellules nerveuses) interconnectés
les uns aux autres par les synapses. On a ainsi dressé des
cartes de plus en plus précises de « l'organe de la pensée »,
et isolé plusieurs neuromédiateurs (messagers électro-
chimiques entre neurones).

D'autre part, les hautes techniques d'imagerie ont fourni
de puissants moyens d'observation. La caméra à positrons
filme en direct l'activité du cerveau saisi par l'anxiété ou la
dépression.

On croyait que le cerveau était un réseau de câbles organisé une fois pour toutes, modifié seulement par le vieillissement. Or, on découvre un organe extraordinairement
plastique. Du stade de l'embryon à la mort, le réseau cérébral se réaménage sans cesse, les neurones changent de
forme, des synapses se défont et d'autres apparaissent[1].
Ces modifications dépendent de plusieurs facteurs, tels que

---

1. De Pracontal, M. « Neurobiologie contre psychanalyse : le grand match
du XXIe siècle ». *Le Nouvel Observateur,* 1er au 7 novembre 1990.

l'apprentissage, la mémorisation et les interactions avec l'environnement.

De plus, résultat des progrès récents de la génétique, le principe selon lequel « l'acquis détermine les différences entre les êtres » est remis en question. C'est ainsi que plusieurs domaines de la psychanalyse, tels que la subjectivité, le moi, l'intelligence ou la conscience, font l'objet de nombreuses études de la génétique des comportements qui semble donner du poids à l'inné...

Ce glissement vers le « cerveau-machine » soulève plusieurs objections. Le docteur Daniel Cohen qui, en collaboration avec Jean Dausset, a mis en place le programme de cartographie du génome humain prédit que cette science des comportements est promise à un fiasco terrible. Au cours d'une interview, il mentionne que « ce qui est important, c'est de comprendre qu'il existe un continuum du tout inné au tout acquis, et que ce continuum est présent pour tous les caractères que l'on observe... L'analyse qui revient à dire, par exemple, que les gens sont violents parce que c'est inscrit dans leurs gènes est irrecevable. Ne diabolisez pas la science! La seule façon qu'elle demeure raisonnable, c'est de maintenir une société humaine[2]... »

Pour plusieurs psychanalystes, les neurosciences veulent réduire l'être humain à des mécanismes cellulaires et le représenter comme un être programmé et programmable, exonéré de toute responsabilité existentielle!

Toute cette polémique qui oppose les tenants du « cerveau-machine » à ceux du « cerveau-mystère » fut récemment réactivée par le match d'échecs qu'ont disputé, à Philadelphie, le meilleur joueur du monde, Gary Kasparov,

---

2. Cohen, D. « Ne diabolisez pas la science ». *Le Point,* n° 1205, 21 octobre 1995.

et le superordinateur conçu par IBM. Avec ses 256 micro-processeurs, Deep Blue est capable de calculer de 50 à 100 milliards de coups en 3 minutes. C'est la force de calcul la plus prodigieuse jamais élaborée. Quant au champion russe, il endossait « la défense de la race humaine tout entière ».

La machine s'impose au départ et gagne la première partie. Elle prouve ainsi qu'elle aborde ce match sans états d'âme. Humilié, le « guerrier professionnel » surjoue et oriente le combat « au-delà de l'horizon de l'ordinateur », vers ces territoires fangeux où l'ordinateur, doué de logique mais dépourvu d'invention, inévitablement s'enlise[3]. Au terme d'un harassant combat contre la machine, en privilégiant la stratégie sur la tactique, Kasparov remporte le match 4 à 2[4].

Kasparov vient de démontrer à l'univers entier que l'intelligence humaine, la sensibilité, la volonté, l'anxiété et l'intuition pouvaient l'emporter sur la tactique et le strict calcul des coups. « Ma chance dans ce match », mentionnera-t-il plus tard, « est d'avoir perdu dès la première partie. Ce fut pour moi un avertissement, le signe que je n'accordais pas assez de respect à mon adversaire. »

La réaction mondiale à cette victoire de l'homme fut unanime. De partout les applaudissements ont retenti et la joie se lisait sur les visages en commentant cette nouvelle. Les gens étaient heureux de voir enfin la dignité humaine préservée au-delà de la puissance de la haute technologie. Mais quel est le fondement sur lequel repose la reconnaissance de la dignité de toute personne humaine ? La réponse

---

3. Peyrard, M. « En humiliant Kasparov, les scientifiques ont réveillé son instinct de tueur ». *Paris-Match,* 26 février 1996.

4. Agence France-Presse. « Et v'lan la machine d'IBM ! Kasparov remporte le match 4 à 2 ». *La Presse,* 18 février 1996.

n'est-elle pas en cette phrase visionnaire de l'être humain :
«L'homme, seule créature sur Terre que Dieu a voulue pour
elle-même, ne peut pleinement se trouver que par le don
désintéressé de lui-même[5]»?

---

5. Constitution conciliaire *Gaudium et spes,* n° 24.

14 avril 1996

Briser la pédophilie

DANS LE CADRE DE SON CINQUANTIÈME ANNIVERSAIRE DE FON-
DATION, L'UNICEF (FONDS DES NATIONS UNIES POUR L'ENFANCE)
S'EST CHOISI COMME THÈME DE CÉLÉBRATION : LES ENFANTS
D'ABORD ! ET S'EST FIXÉ COMME L'UN DE SES DÉFIS PRIORITAIRES
DE LUTTER CONTRE LA PÉDOPHILIE ET LA PROSTITUTION
ENFANTINE.

À ce sujet, un rapport vient d'être présenté à Genève, en
vue de préparer la prochaine tenue du congrès mondial sur
l'exploitation sexuelle d'enfants. Ce congrès cherchera les
moyens de freiner le trafic international d'enfants, le
tourisme sexuel et l'augmentation de la pornographie
enfantine. À l'heure actuelle, le nombre d'enfants exploités
sexuellement s'élève à un million et le nombre de
pédophiles actifs à travers le monde est estimé à environ
un demi-million[1]. Chez nous, une fille sur trois et un
garçon sur quatre seraient victimes d'agression sexuelle
au moins une fois dans leur jeunesse.

Selon le criminologue André McKibbon, il n'y a pas vraiment de pédophile type. À un bout de l'échelle, il y a le
« noyau dur », ces hommes pour qui les enfants constituent
leur préférence sexuelle doublée souvent d'une attirance
pseudo-affective. Ces pédophiles sont de véritables manipu-
lateurs et ont plusieurs victimes à leur actif. À l'autre bout

1. Agence France-Presse. *Vaste offensive française et britannique contre la
pédophilie.* 3 avril 1996.

de l'échelle, il y a les pédophiles «circonstanciels» qui seront poussés à la pédophilie par un sentiment dépressif, parfois par un abus des drogues et de l'alcool ou des problèmes matrimoniaux. Entre les deux, on peut retrouver un peu de tout. Il faut noter que de 40 à 60 % des pédophiles auraient eux-mêmes été victimes d'agression dans leur enfance. Le nombre de pédophiles au Québec se situerait à environ 10 000[2].

Où traite-t-on les pédophiles? C'est à l'Institut Philippe Pinel de Montréal que les agresseurs sexuels sont traités par une équipe pluridisciplinaire constituée de psychiatres, de psychologues, de criminologues, d'infirmières, d'éducateurs et de sexologues.

Le Québec a innové dans ce domaine et refuse tout dogmatisme en matière de traitement. Que la thérapie soit d'inspiration psychanalytique ou «comportementale», elle est adaptée à la condition spécifique du patient au moment de son application et est modifiée, s'il y a lieu. De multiples moyens sont ainsi utilisés pour maîtriser la pédophilie: médication anti-androgénique pour réduire les pulsions sexuelles, éducation sexuelle avec des efforts pour modifier les préférences sexuelles, connaissance des signaux d'alarme tels que le stress ou l'oisiveté et comment les gérer et, finalement, l'accessibilité à des groupes d'entraide comme Amorce.

L'Institut Philippe Pinel a, à ce jour, traité plus d'un millier de cas et les résultats sont là: le taux de récidive est nettement plus bas (24 %) que celui des agresseurs non traités au Québec (53 %).

---

2. Lacroix, L. «Le pédophile n'est pas toujours un... inconnu». *La Presse*, 8 juillet 1995.

Psychiatre à l'Institut Philippe Pinel, le docteur Georges Pinard traite les pédophiles et exclut tout discours lénifiant: «Nous ne les guérissons pas, mais nous leur donnons plutôt les moyens de se maîtriser. Comme les alcooliques, ils devront toute leur vie rester vigilants. Nous les préparons à d'éventuelles défaillances. Et nous les accueillons en milieu ouvert pour les aider[3].»

Quant à la prévention de la pédophilie, s'il est vrai que cela nécessite d'une part l'amour et la vigilance des parents envers leurs enfants, et que cela exige d'autre part la prise en charge punitive et thérapeutique des agresseurs, ces mesures ne sont pas toujours suffisantes. Ne faudrait-il donc pas aussi réinventer une moralité publique saine dans le domaine sexuel par un consensus universel par l'intermédiaire de l'Unicef, par exemple?

---

3. Rémy, J. «L'Institut qui soigne les criminels sexuels». *L'Express*, 31 mars 1994.

Parler au cœur de la personne fragilisée

L'INTERRUPTION VOLONTAIRE DE LA GROSSESSE (IVG) DEMEURE L'UN DES PROBLÈMES LES PLUS DÉCHIRANTS POUR NOTRE SOCIÉTÉ MODERNE, ET CELA MALGRÉ LA GÉNÉRALISATION DE LA CONTRACEPTION : LE TAUX D'AVORTEMENTS POUR 100 NAISSANCES VIVANTES A AUGMENTÉ AU CANADA DE 17,5 EN 1990 À 18,7 EN 1995.

Cette hausse est surtout évidente au Québec, qui passe du quatrième rang canadien au premier rang, avec le plus haut taux d'avortements au Canada (20,8) après le Yukon[1].

Malgré une telle banalisation de l'IVG, plusieurs études démontrent que les femmes qui vivent cette expérience douloureuse sont traumatisées et éprouvent des sentiments complexes de perte, de frustration et de deuil. Vingt pour cent d'entre elles vivraient, en plus des conséquences psychologiques, une situation pathologique impliquant une dépression, des sentiments de culpabilisation et différentes affections physiques[2].

Chez nos jeunes adolescentes enceintes, la situation est particulièrement alarmante : 65 % se font avorter et s'en

---

1. Statistique Canada. « Taux d'avortements pour 100 naissances vivantes ». *Actualité médicale.*

2. Saint-Arnaud, J. « Maternité, avortement et deuil ». *Frontières*, vol. 9, automne 1996.

sortent avec un sentiment plus intense de deuil et de goût amer de la vie. Plusieurs d'entre elles considèrent l'épreuve de l'IVG comme le pire événement de leur vie. De plus, une étude finlandaise récente a étudié les liens entre grossesse, fausse-couche, avortement et suicide. Il en ressort que les taux de suicides liés à une fausse-couche (18 %) et à un avortement provoqué (35 %) sont significativement plus élevés que dans la population en général (6 %). Les auteurs en déduisent que l'avortement, loin d'être un soulagement pour la personne impliquée, constituerait plutôt une preuve d'inutilité à ses yeux et pourrait ainsi contribuer à sa décision de commettre un suicide. Ils suggèrent conséquemment que les services d'IVG soient organisés de façon à diminuer les conséquences psychologiques et l'impact du deuil[3].

Et qu'en est-il des droits du foetus? Notre loi ne le protège pas. Récemment encore, la Cour suprême du Canada a statué qu'il appartient aux législateurs, et non aux tribunaux, de déterminer si l'enfant à naître a une identité juridique et s'il faut lui accorder des droits pour le protéger contre un comportement maternel jugé dangereux. Il est intéressant de noter que, dans son rapport, la juge Beverley McLachlin laisse entendre que la réponse se trouve ailleurs. Elle rappelle que la jeune femme en question a tenté sans succès d'obtenir de l'aide en début de grossesse. «Il n'y a pas de bons et de méchants ici. C'est une histoire plus prosaïque, bien trop fréquente, où des gens s'efforcent de faire de leur mieux face à l'insuffisance des ressources et aux ravages de la toxicomanie», commente-t-elle[4].

---

3. Gissler, M., Hemminki, E., *et al.* «Suicides après une interruption de grossesse en Finlande, 1987-1994». *British Medical Journal*, 7 décembre 1996 et 22 mars 1997.

4. Cornellier, M. «Le fœtus n'a pas de droits». *Le Devoir*, 1er novembre 1997.

Mais ce débat scientifique, juridique et éthique sur l'embryon humain est loin d'être terminé. Ainsi, en France, le Comité consultatif national d'éthique reconnaît que l'embryon est « une personne humaine potentielle ». Par contre, pour le professeur René Frydman, connu pour la naissance du premier bébé-éprouvette français, ce qui va faire passer l'embryon du potentiel à la réalité, c'est la manifestation du désir d'enfant d'un couple, le « projet parental »... Quant au psychanalyste Tony Anatrella, il trouve qu'une telle notion de « projet parental » ouvre à tous les arbitraires. Il rapporte à l'appui de son opinion cette consultation vécue : « J'ai reçu une jeune de 20 ans, enceinte de quelques semaines, en conflit avec sa mère qui l'incitait à avorter en ces termes : ‹ Puisque tu n'a pas désiré cet enfant, il n'existe pas. › Et la fille de répondre : ‹ Si tu m'obliges à le perdre, tu me tues en même temps. › [5] »

Dans tout ce débat, où l'émotion monte d'un cran, ne faudrait-il pas que la personne humaine, dans ce qu'elle a de plus fragile et de plus faible, soit au cœur de ce dialogue ? Pourquoi ne pas être responsables et promouvoir les moyens afin que la force de la vie et de l'amour l'emportent sur la peur de la vie ?

---

5. Frydman, R. et Anatrella, T. « Dieu, la science et la vie ». *Le Nouvel Observateur,* 21 août 1997.

VIII

Témoignage

Témoigner
de la foi de vivre

Introduction

Témoigner de notre vie personnelle en relation avec notre foi chrétienne n'est pas un exercice facile, car il nous faut remonter le courant des jours et des années pour nous remémorer les éléments clés qui nous ont façonnés et en trouver le fil conducteur. Dans une de ses homélies, Jean-Paul II nous incite justement à apprendre à déchiffrer le dessein de notre vie «en lisant la signalétique mystérieuse que Dieu place dans les événements de notre quotidien». Pour y arriver, nous avons besoin de prier quotidien-nement et d'avoir un choix de vie axé sur l'essentiel. Nous réalisons alors que si nous voulons habiter l'épaisseur de l'humain, nous devons donner à notre vie la passion et l'élan des grandes valeurs spirituelles.

Origine et adolescence

Je suis né au Caire, en Égypte, en 1937, le deuxième d'une famille de cinq enfants. Mon père est un maronite libanais et ma mère une copte catholique égyptienne. Dès le berceau, mes parents, profondément religieux, m'ont donc nourri de cette culture chrétienne où la prière et la dévotion mariale font partie du quotidien.

Cette foi que j'ai héritée de mes parents a continué à évoluer et à s'approfondir tout au long de mes études primaires et secondaires au collège Saint-Marc des Frères des écoles chrétiennes, à Alexandrie. En 1954, lors de ma retraite de fin d'études secondaires, j'ai appris l'importance de prier en silence, de servir le prochain et de ne pas fuir devant l'appel de Dieu.

Après trois jours de retraite, j'arrivai à la conclusion suivante : le bonheur, c'est le don de soi. « Il n'y a pas de plus bel amour que de donner sa vie pour ceux qu'on aime. » Quelle ne fut pas ma surprise lors du départ : l'image-souvenir qu'on nous a remise représentait Jésus-Christ en croix avec cette inscription : « Aimer, c'est se donner. » Depuis, cette pensée est devenue le leitmotiv de ma vie. Cinquante ans ont passé, et cette image me suit partout dans mon agenda de poche.

L'universitaire et l'époux

En sortant de cette douce enceinte du collège Saint-Marc pour entrer à la faculté des sciences et de médecine de l'Université d'Alexandrie, je me trouvai subitement projeté dans un milieu pluraliste, multiculturel et scientifique. Pris par le tumulte quotidien, je délaissai alors ma formation spirituelle, pensant que celle que j'avais acquise au collège était suffisante. Je me trompais : la foi se vit au rythme du quotidien, elle ne peut en être dissociée. J'ai appris ainsi, par mes erreurs, la nécessité d'être une âme de prière, peu importe où je me trouve.

En 1963, lors de ma résidence en médecine, je rencontrai Jocelyne, celle qui devint mon épouse. Elle terminait ses études de lettres. Sa philosophie de la vie, elle l'a exprimée dans un article intitulé « J'ai quelque chose à vous dire… » publié dans le *Journal d'Alexandrie* du 1ᵉʳ janvier 1964. Son texte se termine ainsi: «Si vous voulez mener une vie passionnante, appliquez-vous simplement à tirer de tous les instants de votre vie quotidienne un enrichissement... Je crois sincèrement que le bonheur est dans les petites choses.» C'est ainsi que la rencontre et l'union de deux jeunes épris de bonheur, avec une conception de la vie différente mais complémentaire, donna naissance à notre premier enfant, Jean-Pierre.

En 1966, Jocelyne et moi avions de plus en plus de difficulté à nous épanouir dans le climat rigide qui régnait dans l'Égypte des années soixante. C'est alors que nous avons décidé d'émigrer. Parmi les différentes options qui s'offraient à nous, nous avons choisi le Québec, où nous retrouvions les éléments chers à notre culture chrétienne et francophone.

Bonjour Montréal

Le 8 octobre 1966, Jocelyne, Jean-Pierre et moi atterrissions sur cette terre promise de Ville-Marie. Les couleurs embrasées de l'été indien traversaient alors Montréal avec cet arc-en-ciel chatoyant de l'automne québécois. Je réalisai alors qu'un autre beau mois s'ajoutait à mon calendrier: celui du Rosaire. Dans un moment de recueillement, je serrai entre mes doigts mon chapelet en suppliant Notre-Dame que brille dans mon nouveau pays d'adoption «l'étoile du matin». Elle exauça ma prière et nous entoura de toute sa sollicitude durant notre période d'enracinement au Québec.

À Montréal, pour la première fois, je vis la passion de la vérité s'exprimer librement. C'était un dimanche de l'automne 1967. J'assistais à la messe à l'oratoire Saint-Joseph et le cardinal Paul-Émile Léger prêchait l'homélie. Subitement, devant les fidèles ébahis, il annonça sa décision, à

63 ans, de quitter l'archevêché de Montréal pour aller travailler comme missionnaire en Afrique et aider les lépreux. La raison qu'évoquait le cardinal Léger était désarmante : il ne voulait pas que sa foi se rouille. Il voulait par un tel geste la raviver, lui redonner sa vitalité et retrouver ainsi le Jésus de sa jeunesse qui l'avait décidé à devenir prêtre. Et voici ce qu'il a dit et qui m'a interpellé : « J'ai atteint l'âge où les scléroses menacent l'âme et le corps. Il faut se cravacher pour sortir des ornières. Il ne faut pas se cantonner dans son aisance. Nous avons besoin de renouvellement pour raviver le sang qui coule en nous, pour redonner un sens à notre foi... » J'ai alors compris que, malgré le chambardement des valeurs, il existait au Québec la possibilité d'effectuer un cheminement spirituel et *d'aller à contre-courant du matérialisme* de notre société de consommation.

L'adaptation à la médecine moderne nord-américaine me demanda un effort soutenu tout au long de mon année d'internat. Il m'a fallu ainsi développer mes connaissances, particulièrement dans le domaine de la haute technologie. Je devais en outre acquérir un esprit médical plus vif, plus alerte et critique pour être capable d'agir rapidement là où il le fallait. En 1968, les démarches d'admission pour la formation dans une spécialité médicale n'étaient pas aussi bien structurées qu'elles le sont présentement. J'ai donc eu de la difficulté, après mon internat et ma résidence en médecine, à obtenir un poste de résident en hémato-oncologie. Finalement, un chef de service m'accepta à condition que je fasse deux ans de recherche fondamentale. Pour le clinicien que j'étais, ce fut une grande leçon d'endurance. En quittant chaque soir l'hôpital, j'étais anéanti et abruti par les expériences en série sur les cultures cellulaires. En regardant la croix allumée du mont Royal, je reprenais espoir et je continuais mon chemin. Comme il a raison, Fernand Dumont, quand il dit : « Il y a des phares, même dans la nuit la plus lourde ; l'espérance, chevillée au cœur de l'humain, n'est jamais éteinte. » Moi, mon phare dans l'épreuve, c'est lorsque, à mon retour du travail, je contemple la croix illuminée du mont Royal. J'ai retrouvé maintes fois dans cette croix plantée sur la montagne la toute petite flamme d'espérance qui m'a permis de ne pas sombrer.

Et puis ce fut le déclic : en novembre 1971, je réussissais mes examens de spécialiste, malgré ma présence en recherche fondamentale. Mes collègues et supérieurs étaient étonnés. Quant à moi, je louais Dieu et je savais intérieurement qu'il est présent pour nous soutenir dans notre lutte en avant.

Médecin en quête d'unité de vie

En 1973, je commençai ma pratique médicale à l'Hôpital de Montréal pour enfants. Nous étions à la croisée des chemins dans le traitement du cancer pédiatrique. Par une approche multidisciplinaire, nous arrivions pour la première fois dans l'histoire médicale à sauver des enfants atteints de leucémie aiguë. C'était enthousiasmant, et je me laissais prendre par une spirale de préoccupations scientifiques et médicales. Je n'avais plus de temps pour vivre ma spiritualité. J'ai alors réalisé, par la prière, qu'il fallait que science et foi se développent simultanément en moi. Ainsi, il était essentiel d'approfondir mes connaissances de la doctrine chrétienne au même rythme que mon développement scientifique si je tenais à témoigner et à donner des réponses aux autres. Cela sans oublier que la foi est un don de Dieu et qu'elle suppose l'amour. Comme le mentionnait le cardinal Poupard : « Pour la science, connaître c'est expliquer. Pour la foi, c'est aimer. »

Aussitôt que je fus bien ancré à l'Hôpital de Montréal pour enfants, je reçus en 1977 une offre intéressante de l'Hôtel-Dieu de Montréal. Il en a toujours été ainsi : Dieu n'a pas cessé de m'offrir les occasions de me développer spirituellement et professionnellement. Il l'a fait en me donnant chaque fois le libre choix entre la quiétude du présent et le risque de la nouvelle aventure. J'ai toujours opté pour l'aventure, au grand désarroi de Jocelyne, qui savait que cela me demanderait encore de plus longues heures de travail. C'est ainsi qu'après avoir passé cinq ans à traiter des enfants atteints de leucémie aiguë et d'autres cancers pédiatriques, je décidai de les quitter pour essayer d'obtenir les mêmes résultats chez l'adulte en appliquant les mêmes modalités thérapeutiques. Mais ce ne fut pas le cas et ça ne l'est pas encore... Je dus alors me résoudre à guérir parfois, soulager souvent et réconforter toujours. Néanmoins, je gardais mon enthousiasme et mon esprit d'ouverture à l'endroit des nouvelles avenues de la recherche clinique. À ce sujet, un collègue m'a lancé un jour cette boutade : « Joseph, ta passion pour la cancérologie est comparable à la passion de de Gaulle pour la France. » Mais que voulez-vous ? Je crois au dépassement, je crois que ce que l'on fait doit toujours être plus grand que ce que l'on est.

Le 2 avril 1979, je perdais un homme que j'aimais et admirais : mon père. Fonctionnaire de l'État, il avait été modeste, généreux, et avait une endurance hors pair. Il était l'un de ces héros silencieux, agissant dans les coulisses des institutions. Au cours de ma jeunesse, il me répétait souvent cette phrase de Goethe : « Tu es un homme, c'est-à-dire un lutteur. » La veille de son départ pour la vie éternelle, nous avions été, avec toute la famille, à une partie de sucre dans les Cantons de l'Est. Le soir en me quittant, il me rappela cette maxime du poète Tennyson « Cherche, lutte, aime et persévère. »

J'avais à peine terminé deux ans à l'Hôtel-Dieu lorsque je fus sollicité par l'hôpital Notre-Dame pour former un service d'oncologie médicale avec une vision universitaire. J'avais alors 43 ans et j'acceptai ce défi. On me disait alors que je brûlais la chandelle par les deux bouts. Je rétorquais en donnant la même réponse que le bienheureux Antoine Chevrier, fondateur du Prado à Lyon : « Il vaut mieux vivre 10 ans de moins en travaillant pour Dieu que de vivre 10 ans de plus en ne faisant rien. »

À l'hôpital Notre-Dame, j'ai beaucoup appris de mes patients atteints de cancer. Ils avaient un courage hors du commun. À travers eux, je vois la condition humaine basculer sous le choc du diagnostic, je vois dans leurs yeux l'espérance briller et je vois parfois leur dignité blessée. Mes malades m'évangélisent. Ils ne recherchent pas seulement ma compétence scientifique, mais ils désirent aussi que je les rejoigne dans l'essentiel : être accompagnés, recevoir confiance et espérance. Afin d'être à la hauteur de cette tâche, je commence ma journée en assistant à la messe et en recevant le pain de Vie. Alimenté par cette source divine, je suis prêt à aider les gens qui souffrent, à leur apporter sourire et réconfort, à leur transmettre la lumière du visage de Jésus, car le cœur du message chrétien, c'est la relation humaine. Comme l'a dit le cardinal Mercier : « C'est à ce don de soi qu'on nous reconnaîtra et qu'on aura le courage d'avancer, de risquer, de vivre et de croire que Dieu est capable de nous faire vivre l'impossible. »

En novembre 1984, lors d'un voyage au Congo, la misère africaine m'a interpellé. À l'Hôpital général de Brazzaville, les patients étaient entassés par douzaines, deux par lit, dans de petites salles insalubres et non aérées. J'étais pris de compassion et je ne savais pas comment aider ces êtres démunis. De retour à Montréal, j'étais bouleversé. Je me demandais si ma place n'était pas auprès des démunis du tiers-monde en Afrique ou à Calcutta... Je fis donc part de cette angoisse existentielle au curé de ma paroisse, le bon père Jacques Laramée. Il me dit alors: «Dieu t'a choisi, Joseph, pour être à Montréal. Il y a ici beaucoup de travail à faire. Reste avec nous.» Il me l'a dit avec tellement de conviction que j'acceptai d'emblée de suivre sa recommandation et de poursuivre ma voie à Montréal.

La sanctification du quotidien et l'unité de vie

En octobre 1986, lors d'une série de conférences que je devais donner en Angleterre sur les résultats de notre recherche clinique, j'ai eu la chance de faire un détour et de m'arrêter à Medjurgorje, en Bosnie. Par un heureux hasard, je rencontrai un groupe de pèlerins québécois guidé par les pères Armand et Guy Girard, membres du service de pastorale du CHUM – hôpital Notre-Dame. Au cours de ce pèlerinage, nous avons appris les cinq invitations que nous propose Notre-Dame: nous réconcilier pour obtenir la paix, prier, jeûner, nous convertir et nous abandonner à elle. Au moment de notre départ, nous avons appris que Notre-Dame avait dit aux jeunes voyants qu'elle veut nous guider dans le chemin de la sainteté.

Elle nous dit: «Dans votre chemin vers la sainteté, vous trouverez chaque jour quelque chose qui vous empêche de devenir saints. Détachez-vous de ce quelque chose avec joie. Ne soyez pas tristes.» Marie venait de me communiquer son message personnel, car elle me confirmait d'une façon frappante celui que j'avais lu quelques mois auparavant dans la vie du saint Curé d'Ars: «La sainteté est pour notre temps un appel universel, une voie accessible et un effort incessant.»

Cette sanctification du quotidien a aussi été mise de l'avant par le «saint de l'ordinaire», Josemaria Escriva, fondateur de l'Opus Dei : « Dieu nous appelle à le servir dans et à partir des tâches civiles, matérielles et séculières de la vie humaine. C'est là que Dieu nous attend chaque jour. Sachez-le bien : il y a quelque chose de saint et de divin dans les situations les plus ordinaires, et c'est à chacun d'entre nous qu'il appartient de le découvrir. »

Finalement, Jean-Paul II nous dit comment les chrétiens sont appelés à réaliser la nouvelle évangélisation du troisième millénaire : « Cela sera possible si les fidèles laïcs savent surmonter en eux la rupture entre l'Évangile et la vie, en sachant créer dans leur activité de chaque jour, en famille, au travail, en société, *l'unité d'une vie* qui trouve dans l'Évangile inspiration et force de pleine réalisation. »

Ces paroles de Jean-Paul II, écrites en 1988 (*Christifideles laici,* n° 34) et répétées dans plusieurs de ses discours, ont fait basculer ma vie... C'est par une telle *unité de vie* que nous pourrons entrer dans l'espérance qui nous fait goûter joie et bonheur et participer à la civilisation de l'amour, de la vie et de la vérité.

Table des matières

MEMBRE DE SCABRINI MEDIA

Québec, Canada
2004